www.tredition.de

AF196503

Thorsten Schütze

# TOR ZUR SEELE

Mein endliches Verhältnis zur Unendlichkeit

www.tredition.de

---

© 2017 Thorsten Schütze

Verlag: tredition GmbH, Hamburg

ISBN
Paperback:     978-3-7345-4903-8
Hardcover:     978-3-7345-4904-5
e-Book:          978-3-7345-4905-2

Printed in Germany

---

Thorsten Schütze

# TOR ZUR SEELE

Mein endliches Verhältnis zur Unendlichkeit

Dieses Buch ist einer ganz besonderen
Frau gewidmet, die mir mehr gegeben hat
als einem das Leben nehmen kann.

## 1

## Vorwort

Warum glaube ich, mich an ein derart heikles Thema wagen zu können?

Der Grund liegt in mir. Mein Leben ist eigentlich ein Ding der Unmöglichkeit. Ich bin als Deutscher zur Welt gekommen, ein Teil der Grosseltern kam aus dem heutigen Polen, damals noch Deutschland. Nach abgeschlossenem Studium habe ich mit einer Französin Algerischer Herkunft eine Familie gegründet die in Spanien lebt. Ich erlebte als erfolgreicher Unternehmer sowohl das Leben als Millionär in Monaco wie auch Jahre als unschuldiger Gefängnisinsasse in der Schweiz. Ich arbeitete in Europa und Amerika, erhielt einen Afrikanischen Pass während meiner Arbeit in der Entwicklungshilfe, anschließend dann noch einen Asiatischen im Zuge meiner Tätigkeit für den Südpazifischen Raum.

Als getaufter Protestant, lebte ich in einem überwiegend katholischen Land mit Menschen islamischen Glaubens. Erst viel später erfuhr ich, dass wohl auch jüdisches Blut zu meinem Cocktail gehört.

Es gibt wohl keine bessere Medizin für das Leben als eine solch absurde Mischung.

# 2

## EINLEITUNG

Die meisten Menschen begeben sich irgendwann auf die Suche nach dem Sinn des Lebens.

Die Mehrzahl ist dabei sehr genügsam. Es gibt immer auch jene, die etwas mehr erwarten. Einige wenige streben nach viel mehr, nach sehr viel mehr.

Es handelt sich um die Menschen, über die wir später in Geschichtsbüchern lesen. Sie erbauten Observatorien, Städte mit Bewässerungssystemen, schufen Kulturen mit Rechtsordnungen oder erdachten sich Götter. Sie kehrten von heiligen Bergen mit Gesetzestafeln unter den Armen zurück und erklärten ihren Mitmenschen, was sie künftig zu tun und zu lassen haben.

Es mag durchaus für eine Weile murren unter den so Gelenkten gegeben haben, einige setzten sich sogar zur Wehr. Doch mit der Zeit fügten sich die meisten Menschen den vorgegebenen Regeln des Ideengebers, und diejenigen die sich nicht unterordneten, verließen die Gruppe mehr oder weniger freiwillig.

Wie Eisenspäne im Kraftfeld eines Magneten richteten sich Menschen von jeher an vorgegebenen ideologischen Strukturen aus. Je mehr es taten umso mehr Verbindlichkeit verleihen sie den Denkstrukturen, bis hin zur Universalität.

In der Menschheitsgeschichte finden sich zahlreiche derartige Beispiele, die meisten in Verbindung mit dem Glauben. So leben Menschen.

Die meisten Menschen sind sehr genügsam und erbringen wenig eigene Anstrengungen um das Tor zu ihrer Seele zu finden. Denken ist sicher eine sehr anstrengende Tätigkeit. Anders liesse es sich nicht erklären, weshalb sich so wenige intensiv damit beschäftigen.

Ich nehme gerne etwas Hilfestellung an, wenn es darum geht wie ich im Bewusstsein meiner Endlichkeit mit der Unendlichkeit umzugehen habe. Allgemeinen Vorgaben zu folgen erscheint da viel einfacher und bequemer als sich eigene Gedanken zu machen.

Durch das Christentum fand diese Entwicklung ihren bisherigen Höhepunkt. Ein in jeder Hinsicht begrenzter Mensch wurde mit dem in jeder Hinsicht Unbegrenzten und vollkommenen Unvorstellbaren konfrontiert. Einem allgegenwärtigen, allwissenden und allmächtigen Gott.

Es ist leicht nachvollziehbar, dass jedes einzelne dieser Attribute nicht nur die Logik, sondern auch meine menschliche Fassungskraft bei Weitem übersteigt. Das genau war bestimmt der Plan.

Könnte ich als Mensch nämlich diesen Wesen „Gott" erfassen, dann wäre es eben nicht Gott.

Gott erfasst man nicht. Wenn man ihn überhaupt als Wesen bezeichnen kann. Ich möchte da niemanden zu nahetreten, und verfechte einen respektvollen Umgang mit dem Thema Glauben oder Wissen.

Ich meine sogar, dass Religion eine wichtige Irritation ist, die Menschen aus ihrer Alltäglichkeit herausreißen kann.

Je mehr Zeit verging, umso weniger Menschen konnten sich noch daran erinnern, dass früher einmal ganz anders gefühlt, gedacht und gehandelt wurde. Bei den meisten Menschen schwanden auch die Erinnerungen, dass früher einmal anderen Göttern geopfert wurde, und die wenigen mit dem sehr guten Gedächtnis wurden als altmodisch und hinterwäldlerisch abgestempelt.

Durch Religionen und andere Gedankenmuster entwickelten sich in Verlauf der Menschheitsgeschichte Separierungen an die man sich gewöhnt hat.

Was hat ein weisser, christlich aufgewachsener Europäischer Akademiker, mit einem dunkelhäutigen, Indischen, hinduistischen Gettoarbeiter gemeinsam?

Nicht viel denkt man. Falsch!

Hat der Inder dieselbe Blutgruppe mit ebenso identischen sonstigen relevanten Faktoren, könnte der Europäer mit dem Herz des Inders nach einer Transplantation leben, ebenso wie umgekehrt. Das Organ des ebenso weissen und christlich aufgewachsenen Europäischen Nachbarn könnte bei einer Transplantation jedoch zum kurzfristigen Tode führen. Welche Gemeinsamkeiten haben für das menschliche Leben also wirklich Bedeutung?

Ich könnte mir genügend europäische Akademiker vorstellen, die dem indischen Gettoarbeiter nicht einmal die Hand reichen würden, sein Herz jedoch würden sie nehmen um damit zu leben.

## 3

## Der erste Schritt

Bei den Azteken war es ein Teil der Natur des Menschen, Ströme von Blut fliessen zu lassen. Sie glaubten nur so gehe am nächsten Tag die Sonne wieder auf.

Im alten Ägypten hielt man es für normal, einen Grossteil der wirtschaftlichen Kräfte in die Errichtung gewaltiger königlicher Grabmäler zu investieren, wodurch Abertausende den Tod fanden.

Auch für die alten Griechen und ebenso für die alten Römer war es natürlich, andere Völker zu versklaven und Menschen wie Tiere zu behandeln.

Selbst die Europäer des Mittelalters erachteten es als für den Menschen naturgegeben, das diesseitige Leben geringer zu achten als das im Jenseits.

Sie suchten den Sinn des Lebens in der Vorbereitung auf das Jenseits. Der eigentliche Sinn menschlichen Lebens war bei ihnen Gott zu dienen und zu preisen. Dadurch schufen sie die Voraussetzung in den Himmel zu kommen.

Mehr bedurfte es damals nicht und der Natur des Menschen war entsprochen.

Das Christentum hat somit etwas Gewaltiges geschaffen, es hat Grenzen beseitigt.

Allerdings wurden diese Grenzen nur im Jenseits aufgelöst, und im Diesseits blieb alles begrenzt.

Was wird wohl aus so einem gewaltigen Denkmuster wie dem des Christentums, wenn die Menschen die es erdachten und als Erbe weitergaben und diejenigen die es auf- und ausgebaut haben es nicht mehr mit Leben füllen können, weil sie dahinscheiden und die nachfolgenden Generationen immer weniger von seiner Glaubwürdigkeit und den vermittelten Werten überzeugt sind?

Wer möchte in der heutigen Zeit schon auf das Heil bis nach seinem Tode warten? Man will schon hier und jetzt von ihm kosten. Der moderne Mensch steht vor der neuen Aufgabe sein Leben bereits im Diesseits gelingen zu lassen.

Es ist nichts daran auszusetzen, wenn keine Eile mehr besteht die ewige Glückseligkeit zu erreichen, sondern man stattdessen seine Energie auf das Diesseits konzentriert.

Die zuvor beschriebenen Systeme der Azteken, der Ägypter, Griechen, Römer und der Europäer des Mittelalters, zerbrachen letztendlich an allgemeiner Orientierungslosigkeit, nachdem das alte Gedankenmuster in sich zusammengefallen war. Neue Denkmuster traten an ihre Stelle. Die Menschheit entwickelt sich weiter. Besonders neue wissenschaftliche Erkenntnisse ermöglichen es uns, unsere Welt und uns selbst aus einer anderen Perspektive zu betrachten.

Dabei bleibt der Ausgangspunkt derselbe, es sind die Gemeinsamkeiten.

Jeder Mensch möchte gerne glücklich sein und Leid überwinden. Ich schreibe bewusst „Leid überwinden", da jeder von uns mal Leid erfährt. Ebenso hat jeder von uns Emotionen, die ihr oder ihm Schwierigkeiten bereiten, sowie solche die innere Kraft geben, die uns heiter stimmen oder Gelassenheit geben.

Um aus der Vielzahl unterschiedlicher Emotionen Selbstvertrauen schöpfen zu können, ist es besonders wichtig sich über sein eigenes Potential im Klaren zu sein, da jeder von uns Leid im Leben erfährt.

Es gilt hier besonders, diese schwierigen Lebensphasen nicht allein von ihrer Schattenseite aus zu betrachten. Das wäre die falsche Perspektive.

Wertvolle Erfahrungen zu sammeln und daraus innere Stärke zu entwickeln gelingt einem am besten in schwierigen Lebensphasen. Sicher ist es unangenehm, jedoch wird es erträglicher, wenn man sich dankbar zeigt eine solche besondere Gelegenheit zu bekommen.

Vermeide negative Emotionen.

In der heutigen Welt sind die Menschen durch das Internet, durch wirtschaftliche und politische Netzwerke viel näher zusammengerückt. Jedoch bin ich nicht der Meinung wie andere, die behaupten die Welt wäre ein Dorf geworden. Dafür sind die Unterscheide und Distanzen doch noch zu gross. Dennoch hat eine Separierung in die Gruppen „wir" und „die anderen" an Sinn eingebüsst.

Betrachtet man die Situation genauer, so wird einem deutlich, dass die Interessen unserer Mitmenschen weitestgehend mit unseren eigenen Interessen übereinstimmen. So ist es ein logischer Schluss, dass sich um Interessen anderer zu kümmern ebenso bedeutet, positiv an unserer eigenen Zukunft mitzuarbeiten. Und wir uns selbst Schaden, wen wir anderen einen Schaden zufügen.

Zugegeben, Krieg scheint in der Menschheitsgeschichte einen festen Platz eingenommen zu haben. Durch das hohe Maß an gegenseitiger Abhängigkeit, welche stetig zunimmt, ist es jedoch berechtigt zu behaupten, dass das Modell des Krieges eigentlich ausgedient hat. Der Vorteil der einem „Sieger" zufällt steht in keinem Verhältnis zu den erlittenen Schäden.

Die einzige heute noch wirkungsvolle Methode scheint der Dialog zu sein. Nur der Dialog kann uns wirklich weiterbringen. Ein Krieg bewegt zwar viel, wirft jedoch final nur zurück.

Dialoge beginnen damit, mit uns selbst im Dialog zu stehen. In sich „hineinhören", sich seiner Emotionen bewusst zu sein und eine Palette von Verhaltensmustern parat zu haben um dem Dialog mit seinen Mitmenschen gewachsen zu sein, um Unterschiede ausgleichen zu können.

Der Dialog mit uns selbst.

Fast wäre dieser wichtige Bestandteil im Text untergegangen. Er ist der erste Schritt.

Jetzt wird sicher jemand sagen: «So ein Quatsch, es kann höchstens ein Monolog sein. Ein Dialog ist ein Zwiegespräch, dafür braucht es mindestens zwei.»

Ich meine mit Dialog ein Gespräch, eine Unterredung, einen Meinungsaustausch. Wir sind durch all unsere Wahrnehmungen voll von unterschiedlichen Informationen, Meinungen, Emotionen und Sichtweisen. Der innere Dialog, also das Aufarbeiten und Ordnen all dieser Eindrücke, ermöglicht einem sein eigenes Bild der Geschehnisse zu vergegenwärtigen. Der erste Schritt auf dem Weg zur Selbstfindung.

Um niemanden an dieser Stelle, nur wegen der Verwendung des Begriffes Dialog für ein „Selbstgespräch", vom Weiterlesen abzubringen, wähle ich nun den Begriff Kommunikation.

Welchen Anteil an unserer täglichen Kommunikation hat die Kommunikation mit uns selbst?

Viele Stunden verbringt der moderne Mensch mit neuen Medien und in sozialen Netzwerken mit der Kommunikation mit anderen. In der Familie, bei der Ausbildung, der Arbeit und in unserer Freizeit kommunizieren wir miteinander. Nicht das etwas daran auszusetzen wäre, nur wo bleibt die Kommunikation mit uns selbst?

Sind wir uns selbst nicht so wichtig, als dass wir eine Kommunikation mit uns selbst als weniger wichtig erachten? Erkennen wir vielleicht nicht einmal mehr einen Sinn in der Kommunikation mit uns selbst? Jemand der „Selbstgespräche" führt wird ja auch gerne als etwas seltsam dargestellt. Also besser keine hörbaren Worte beim Selbstgespräch verwenden.

Gibt uns ein „like" im Netz mehr positive Rückmeldung als ein zufriedener Blick in den Spiegel?

Warum beschäftigen wir uns den größten Teil unseres Lebens mit Erlebnissen aus der Vergangenheit oder konzentrieren uns auf zukunftsbezogene Hoffnungen oder Ängste?

Ich „poste" ein Foto - es ist nun die Vergangenheit. Schau mal was ich gemacht habe. Nun warte ich auf die „likes". Hoffentlich werden es viele. Wo bleibt das „Jetzt"?

Ich warte.

So etwa spielt es sich in Kurzform ständig ab.

Man folgt nun dem Gott der „likes" - ist man ihm gefällig, bekommt man viele. Das System ist eigentlich dasselbe wie immer, auch wenn es etwas an den Haaren herbeigezogen erscheint.

Es fehlt der bewusste Umgang mit dem Empfinden des aktuellen Moments. Glück empfindet man im aktuellen Moment. Vergangenheit und Zukunft spielen in großen Glücksmomenten plötzlich keine Rolle mehr. Die Konzentration beschränkt sich auf den Moment, den es voll auszukosten gilt. Meist ist es nur ein flüchtiger Moment, bis uns die Gedanken an die Vergangenheit oder die Gedanken an die Zukunft wieder einholen, und dennoch bleiben dies die schönsten Momente in unserem Leben.

Es ist wichtig regelmässig Situationen zu schaffen, in denen der Geist nur auf den aktuellen Moment konzentriert ist. Weder Erlebnisse aus der Vergangenheit noch zukunftsbezogene Hoffnungen oder Ängste dürfen einen beeinflussen. Wie ein Vakuum sollte ein Intervall entstehen, welches frei von Erfahrungen der Vergangenheit und frei von Erwartungen der Zukunft ist. Ein Moment des Dialoges mit uns selbst im Jetzt.

Immer mehr Menschen versuchen sich diese Situationen durch Alkohol oder andere Drogen zu verschaffen. Das ist der falsche Weg. Er führt zur Selbstentfremdung nicht zur Selbsterkennung, der Vorstufe der Selbstfindung.

Die Anzahl depressiver Menschen steigt beängstigend an.

Antidepressiva bilden bereits einen substanziellen Markt für die Pharmaindustrie.

Es gilt sich Raum für sich selbst zu schaffen. Es spielt dabei keine Rolle wie man sich diesen Raum schafft, ob durch Sport, Meditation, Musik, Kunst oder andere Hobbys, jeder wird den für ihn richtigen Weg erkennen, wenn er sich nur die Zeit dafür nimmt, und den Dialog mit sich selbst sucht. Es bedarf nur etwas Zeit zur substanziellen Verbesserung der gesamten Lebenseinstellung.

Wo fange ich an?

# 4

## WAHRNEHMUNGEN

Auf der Suche nach dem Tor zur Seele ist es zunächst einmal hilfreich, sich seiner eigenen Wahrnehmung bewusst zu werden.

Wie nehme ich etwas wahr? Inwieweit unterscheidet sich meine
Art der Wahrnehmung von den anderen Menschen?

Es finden hauptsächlich drei verschiedene Ansätze Verwendung
um etwas wahrzunehmen. Die meisten Menschen verfügen und
nutzen alle drei Ansätze, haben jedoch situationsabhängig je einen der drei besonders ausgeprägt.

Es gibt Menschen, die sehr visuell sind. Was immer sie beschrei-
bend Wahrnehmen, wird aus ihrer Sichtweise geschildert.

- Siehst du was ich meine?

- Kannst du dir ein Bild davon machen?

- Das kommt mir sehr verschwommen vor.

Dies sind Beispiele von Formulierungen visueller Menschen. Sie
nehmen ihr Umfeld visuell war und verarbeiten es ebenso. Alles
läuft in Bildern wie ein Film vor ihrem inneren Auge ab.

Solche Menschen sind leicht daran zu erkennen, dass sie sehr
schnell in hoher Tonlage sprechen, da es ihnen kaum möglich ist
den Film der vor ihrem inneren Auge abläuft schnell genug in
Worte zu fassen.

Einige Menschen fokussieren ihre Wahrnehmung auf Gefühle, es sind mehr haptisch orientierte Menschen.

- Das fühlt sich gut für mich an.

- Ich will es dir begreiflich machen.

- Ich kann dir nicht folgen.

Dies sind Beispiele die auf gefühlsbetonte Menschen hindeuten. Diese Menschen setzen Wahrnehmungen in Empfindungen um und speichern sie in eben dieser Kombination ab. Sie sind oft sehr begeisterungsfähig, neigen jedoch auch schnell zu grossem Trübsal. Durch gelegentliches Berühren ihres Gesprächspartners sind sie gut zu erkennen. Zudem haben sie meist eine deutliche und klare Sprache.

Daneben gibt es Menschen deren Wahrnehmung mehr akustischer Natur ist. Es sind auditive Menschen.

- Das hört sich gut für mich an.

- Klingt das vernünftig?

- Ich muss mir das erst noch in Ruhe anhören.

Dies sind Formulierungen akustisch ausgerichteter Menschen.

Gut zu erkennen sind sie an einer oft sehr ausgewogenen und konzentrierten Sprache. Sie möchten, dass man ihren Worten folgen kann, denn Töne und Worte sind für ihre Wahrnehmung von besonderer Bedeutung.

Durch einen leicht geneigten Kopf werden die Ohren in optimale Empfangsbereitschaft ausgerichtet.

Wenig überraschend ist da, dass sich viele gute Musiker in der Gruppe der akustischen Wahrnehmer befinden.

Wie gesagt, wir nutzen in der Regel alle drei dieser Spektren zur Wahrnehmung, jedoch kann es hilfreich sein herauszufinden, welches bei einem selbst dominant ist.

Wenn wir erkannt haben wie wir etwas wahrnehmen, können wir uns darauf konzentrieren unsere Wesenszüge zu analysieren und bestenfalls zu erkennen, ohne sie uns von anderen vorgeben zu lassen. Wir sind eben nicht so wie andere uns beschreiben. Wir sind wir.

Was sind meine Wesenszüge? Ich meine nicht etwa Charaktereigenschaften, wie loyal, treu, grossherzig und dergleichen, ich meine Grundausrichtungen, aus denen sich alles andere ergibt:

- Bewege ich mich mit meinen Aktivitäten auf etwas zu um Besseres zu erreichen, oder bewege ich mich von etwas fort um Schlimmeres zu vermeiden?

- Nehme ich mehr meine Möglichkeiten oder mehr meine Notwendigkeiten wahr?

- Bin ich mehr auf mich selbst bezogen, oder konzentriere ich mich mehr auf mein Umfeld? Beschäftige ich mich also mit einem inneren oder einem äusseren Beziehungsrahmen?

- Nehme ich meine eigenen Bedürfnisse eher wahr als die Bedürfnisse anderer?

- Konzentriert sich meine Wahrnehmung auf Ähnlichkeiten oder auf Unterschiede?

- Ist mein Arbeits- und Sozialverhalten eher unabhängig oder bin ich mehr ein kooperativer Mensch?

Die Beantwortung dieser Fragen sollte einem eigentlich nicht schwerfallen, soweit sollte man sich kennen.

Interessant ist es nun, seine eigenen Erkenntnisse mit den Eindrücken guter Freunde über einen selbst abzugleichen, und sich ein Bild über seine Selbsteinschätzung und seine Wirkung auf die Umwelt zu erstellen.

Es ist eine gute und zugleich lustige Übung auf dem Weg zu sich selbst, denn dort finden wir auch das gesuchte Tor zur Seele.

# 5

## WORTE

Da in Worten das grösste Potential für Fehleinschätzungen und das grösste Spektrum für Manipulationen liegt (von optischen Täuschungen einmal abgesehen), ist den Worten eine besondere Beachtung zu schenken.

Worte verändern Menschen und Menschen verändern die Welt.

Es gibt Menschen die leben mit Schuldgefühlen, weil Ihre Eltern ihnen als Kind gesagt haben:»Du bringst uns noch ins Grab«. Und es gibt Menschen die meinen etwas nicht zu schaffen, weil man ihnen gesagt hat sie würden es nicht schaffen. Andere wiederum fühlen sich hübsch, weil man ihnen gesagt hat sie wären hübsch.

Auch gibt es Menschen die sehr erfolgreich wurden, weil man ihnen gesagt hat:»Du wirst es sicher schaffen«.

Niemand ist hübscher, weil es ihm jemand gesagt hat, genauso wie niemand versagt, nur, weil ihm jemand gesagt hat, er würde versagen. Dennoch lassen sich signifikante Verbindungen erkennen.

Worte beeinflussen das Denken der Menschen, und die Gedanken beeinflussen wiederum das Gefühl und das Handeln von Menschen. Positive Worte verstärken eine positive Entwicklung, negative Worte verstärken eine negative Entwicklung.

Um etwas Positives zu erreichen, ist es jedoch allein mit positiven Worten nicht getan. Man kann die Zuneigung eines Menschen nicht mit lieben Worten erzeugen. Vorhandene Zuneigung lässt sich durch Worte nur verstärken oder reduzieren. Genauso wie man die Liebe eines Menschen mit Worten nicht erzeugen, jedoch verstärken oder reduzieren kann.

Es wird einem nicht gelingen allein durch positive Worte und gute Absichten die Zuneigung, Freundschaft oder Liebe eines anderen zu erhalten.

Um einen Freund zu finden ist es am besten ein Freund zu sein. Das klingt wie eine Phrase, ist auch nicht mehr, jedoch führt die Umsetzung ans Ziel.

Die Wirkung von Worten auf uns hängt von vielen Komponenten ab.

- Gefällt uns was wir gerade gehört haben?

- Wie viel Glauben schenken wir den Worten die wir hörten?

- Unter welchen Umständen erreichten uns diese Worte?

- Welche Absicht rechnen wir demjenigen zu, der uns die Worte sagte?

- In welchem Verhältnis stehen die Worte zu all dem, was wir bisher gehört haben?

- Wie gross ist der Wunsch in uns den Worten glauben zu wollen?

- Wie konzentriert sind wir gerade?

Es sind nicht die Worte allein, sondern unsere gesamten Eindrücke und Erfahrungen, die im blitzschnellen Abgleich mit den gehörten Worten bei uns einen Eindruck erzeugen. Je mehr Erfahrungen wir gesammelt haben, umso tendenzieller wird dieser Eindruck sein.

Eine sehr hübsche Frau zum Beispiel wird auf Komplimente zu ihrem tollen Charakter, nach dem Sammeln einiger Erfahrungen, weniger überzeugt reagieren. Sie erkennt, dass dem Gegenüber ihr Charakter noch gar nicht bekannt sein kann, und sie hat gelernt, dass Männer, mit dem ohne Frage berechtigten Kompliment, durchaus andere Absichten im Hinterkopf haben, wohingegen die Frau sich nach anderen Werten sehnt.

Ein Kompliment zu ihrem hübschen Aussehen wäre sicher angemessener, jedoch würde es zu nichts weiter führen, denn ihr Aussehen ist der hübschen Frau ja bereits bewusst, und unterscheidet den Kompliment Geber nicht im Geringsten von allen anderen vor ihm.

Dennoch hört sie ein Kompliment nicht weniger gern als zuvor, nur verändert sich die Wertigkeit.


Eben diese Wertigkeit, also die Bedeutung die das Gehörte für uns hat, ist ausschlaggebend für die Wirkung auf uns.

Wir haben also gelernt mehr zu hören als dass was uns gesagt wurde.


Bei negativen Worten, die gegen uns gerichtet werden, verhält es sich ebenso. Beschimpft uns jemand der uns gar nicht kennt mit etwas was er gar nicht über uns wissen kann, so mag es uns zwar im ersten Augenblick ärgern, jedoch bei genauer Betrachtung nicht weiter beschäftigen. Wir wissen ja, dass er im Unrecht ist. Dennoch ärgert es uns zunächst ein wenig. Genauso wie uns positive Worte zunächst ein wenig freuen, selbst wenn sie nach unserer Erfahrung nicht ganz so gemeint waren wie sie gesagt wurden.

Wir assoziieren mit gehörten Worten die eine Emotion (egal ob positiv oder negativ) auslösen, immer auch eine Absicht und einen Hintergrund. Diesen projizieren wir in einen für uns überschaubaren Rahmen und machen uns daraus das Bild unseres Eindrucks.

Sobald wir den gehörten Worten eine plausible Absicht zugeordnet haben, fällt es uns leichter sie einzuschätzen. Eine Verkäuferin, die uns sagt, die Hose steht uns sehr gut und passt wie angegossen, weckt im kritischen Zuhörer schnell den Eindruck, sie wolle die Hose nur verkaufen, ob sie uns nun passt oder nicht. Ebenso wäre es aber auch möglich, dass uns die Hose tatsächlich sehr gut steht und die Verkäuferin es wirklich genau so meinte.

Nur wie erkennen wir den Unterschied?

Ganz einfach.

Es bedarf einer gesunden Selbsteinschätzung. OK, ganz einfach ist etwas Anderes, denn wie bekomme ich eine gesunde Selbsteinschätzung?

Auch wenn unsere Empfindungen, die sich aus allen Sinneswahrnehmungen und Erfahrungen unseres Lebens zu einem Bild zusammensetzen, nie objektiv sein können, so sind wir doch in der Lage, uns ein realistisches Bild von uns zu machen. Sehe ich aus wie George Clooney oder Natalie Portman? Nein, selbst George und Natalie sehen auf Bildern nicht aus wie sie selbst, es ist oft Photoshop. Warum möchte ich denn aussehen oder sein wie jemand anderes?

Auch wenn diese Frage zunächst abwegig erscheint, so bringt sie uns dem Ziel der Selbstfindung doch näher.

Welche Ziele haben wir, welche Wünsche, und welche Vorstellungen von unserer Zukunft?

Wovor haben wir Angst, was möchten wir verhindern und was nie erleben?

Ohne ins Detail gehen zu wollen, es ist wichtig ob wir uns auf etwas zu bewegen um etwas „Besseres" zu erreichen (Ziele & Wünsche), oder ob wir uns von etwas wegbewegen um „Schlimmeres" zu vermeiden (Ängste & Sorgen).

Immer wenn wir auf etwas zugehen, verwenden wir positive Assoziationen unserer Ziele. Wir verwenden positive Beschreibungen, positive Worte und erzeugen so positive Energie in uns.

Das allein lässt uns nicht erfolgreicher werden, es behindert uns aber nicht bei der Erlangung unseres Ziels, sondern es ermöglicht dessen Erreichung etwas weniger Steine in den Weg zu legen.

Vor allem den grössten Stein - uns selbst. Haben wir vor etwas Angst, so führen wir uns negative Assoziationen oder deren Folgen vor Augen und erzeugen Blockaden in uns.

Genau dieser Methode bedienen sich Menschen auch im Umgang mit anderen Menschen. Zur Erreichung eigener Ziele stehen oftmals andere Menschen im Wege. Knappe Ressourcen, die nicht für Jedermann ausreichend vorhanden sind, können ausgiebiger genutzt werden, wenn sie anderen Menschen unzugänglich gemacht werden.

So erzeugen Menschen, durch Worte bei anderen Menschen, Assoziationen, die oftmals allein dazu dienen eigene Ziele zu verfolgen, ohne damit eine realistische Darstellung der tatsächlichen Gegebenheit zu projizieren. Ganz gleich ob diese Assoziationen mittels positiver oder negativer Darstellung erzeugt werden, sie dienen den Absichten des aussendenden Menschen.

Ein erfolgreicher Umgang mit derartigem Vorgehen (nennen wir es Manipulation) ist recht einfach.

Erst einmal ist es wichtig zu erkennen, was der Gegenüber mit seinem Verhalten erreichen möchte. Ist es nicht eindeutig, so gilt es sich die Alternativen vor Augen zu führen. Entsprechend der ersten eigenen Analyse der Alternativen, sollte das erste Verhalten erfolgen. Und zwar genau so, wie es gemäss der positivsten Alternative angemessen erscheint.

Macht ihnen jemand ein Kompliment zu ihrem Aussehen, so ist es ratsam dies nur -und wirklich nur- so zu erwidern, wie es in dem für einen selbst angenehmsten Fall gemeint sein könnte. Findet jemand also ihre Augen sehr schön, erwidert man das Kompliment einfach nur mit »Danke«, nicht mehr und nicht weniger. Wäre das Kompliment tatsächlich so gemeint wie es gesagt wurde, so findet der Sender die Augen des Empfängers schön. Nicht mehr und nicht weniger.

Jedwede zusätzliche Interpretation könnte zu einem falschen Ergebnis führen und ungewünschte Folgen nach sich ziehen. Eventuell sind es gar nicht die Augen die da schön gefunden werden, sondern man möchte mit ihnen ins Gespräch kommen weil sich jemand langweilt und sie zur Ablenkung missbrauchen will um ein Gespräch zu führen, was sie vielleicht gar nicht suchen.

Wenn man mit mehr als nur mit »Danke« antwortet, bietet man dem Sender eine größere Angriffsfläche für weitere Ansätze.

Mit einem Verhalten, welches sich auf die für einen selbst denkbar positivste Alternative konzentriert, erschwert man dem Sender, der möglicherweise zu manipulieren versucht, sein Vorgehen. So hält man negative Folgen für sich selbst fern.

Situationen als das zu sehen was sie sind, und auf das zu reduzieren, was einem behagt und von einem selbst zu bewältigen ist, ist der nächste Schritt.

Alles Weitere ist Ruhe und Geduld. Sie ermöglichen einem ein zweites Mal hinzuschauen, ehe man sich sein Urteil bildet.

Welche Elemente erscheinen nun Erfolg versprechend zu sein?

Zunächst einmal ist die Reduktion auf das Wesentliche und Realistische wichtig.

Es hat wenig Sinn sich Motivationsbücher und Literatur über positive Energie zu Gemüte zu führen, in denen sämtliche Schicksalsschläge von Abraham Lincoln aufgeführt werden, um zu dem Schluss zu kommen, dass er trotzt zahlreicher Niederlagen dennoch US-Präsident geworden ist, wenn man nicht vor hat US-Präsident zu werden.

Auch pauschale Aussagen wie: „Nicht wer hinfällt hat verloren, sondern nur wer nicht wieder aufsteht.", helfen uns nicht wirklich weiter, sie füllen nur Papier aber erfüllen nicht unser Leben.

Sehen wir das Leben einfach als das was es tatsächlich ist.

Ja, manchmal verlieren wir eben, wir fallen, wir leiden und wir machen Fehler. All das wird nicht besser, indem wir darin einen Nutzen suchen, oder gar einen tieferen Sinn. Eine Niederlage ist und bleibt eine Niederlage.

Ebenso, wie wir uns wohl kaum in der Nacht zum Sonnen an den Strand legen würden, da die Sonne nachts eben nicht scheint, sollten wir negative Ereignissen nicht umdeuten, sondern sie als das akzeptieren was sie sind.


Viel wichtiger ist es, welche Bedeutung und welchen Platz wir diesen negativen Ereignissen in unserem Leben einräumen. Bestandteile bleiben sie ohnehin.


Ein negatives Ereignis (nennen wir es der Einfachheit halber einen Fehler) als solches zu würdigen ist der nächste Schritt.

Man wird es im Leben viel einfacher zu etwas bringen, wenn man sich dafür entscheidet, denselben Fehler nicht immer wieder zu begehen.

Nimmt man hingegen jeden Fehler als „göttliche Schöpfung", die einem hilft im Anschluss stärker zu werden, so belegt man ihn mit mehr Bedeutung als er verdient hat.

Ein Fehler ist eben zu nichts weiter gut, als ihn zukünftig zu vermeiden. Er ist der negative Gegenpol zu dem erwünschten positiven Ergebnis und sollte nur, und wirklich nur, als solcher gesehen werden.

Hier kommt wieder die realistische Selbsteinschätzung ins Spiel. Wer etwas verloren hat ist kein Verlierer, und schon gar nicht für alle Zeit.

Er hat nur gerade etwas verloren. Ebenso ist jemand der gerade gewonnen hat, nicht für alle Zeit der geborene Gewinner, er hat nur gerade etwas gewonnen.

Die gegenwärtige Situation, mit allen ihren Ereignissen und Empfindungen, als das zu beurteilen was sie tatsächlich ist, ermöglicht ein erfolgreiches Leben, mit positiven Empfindungen, denn allein darum geht es. So tun wir unserer Seele etwas Gutes.

Da auch andere Menschen ihre Ziele verfolgen und uns mit ihrem Verhalten und ihren Worten zu manipulieren versuchen um ihre Ziele zu erreichen, trifft man wieder und wieder auf Engpässe. Hier hilft entweder Geduld, oder eine geänderte Ausrichtung, um sein Ziel zu verfolgen. Niemals jedoch darf man den Weg zu seinem Ziel aufgeben um in entgegen gesetzter Richtung zu laufen.

Es gilt sein eigenes Selbstwertgefühl auf den gegenwärtigen Augenblick zu lenken und sich nicht von Ansichten besiegen zu lassen.

Es nützt weder in Selbstmitleid zu versinken noch sich selbst zu feiern. Konzentriert man sich nun noch auf seine Ziele und Wünsche und bewegt sich auf diese zu, so entwickelt sich genau die Dynamik, die Erfolg ausmacht. Diese Dynamik ist selten linear, jedoch immer zielgerichtet.

# 6

## MENSCHLICHES VERHALTEN

Es gibt zwei Grundausrichtungen die positives, menschliches Verhalten determinieren. Sie lassen sich am besten beschreiben, indem man sich selbst zwei Fragen beantwortet.

- Hast du in deinem Leben Freude?

- Haben andere Menschen durch dein Leben Freude?

Selbst Freude zu haben ist ohne Frage etwas Positives. Herauszufinden wie, wodurch und unter welchen Umständen die eigene Freude empfunden wurde, ist gar nicht so trivial wie es scheint. Jeder kann es jedoch mit etwas Ruhe und Selbstreflexion herausfinden. Dafür braucht man keinen Text, sondern nur sich selbst.

Herauszufinden, ob man anderen Menschen Freude bereitet hat, ist da schon wesentlich schwieriger. Wissen wir doch meist nicht nachhaltig, ob erhaltene Rückmeldungen anderer Menschen, auch deren tatsächliche Empfindung wiedergegeben haben.

Situationen in denen wir anderen Menschen Freude bereitet haben, bleiben auch uns meist in freudiger Erinnerung. Sie werden somit auch für uns eine Freude.

Eine positivere Gesamtsituation ist somit kaum denkbar. Sowohl wir selbst, als auch ein oder mehrere andere Menschen erleben Momente der Freude.

Genau hier findet sich der Ansatz zu einem glücklichen und erfolgreichen Leben. Es gibt Situationen in denen man durch sein Verhalten, durch seine Worte oder Taten bei anderen Menschen Freude auslösen kann. Das Erkennen der Freude des oder der Anderen, weckt in einem selbst auch Freude, umso mehr dann, wenn man eine positive Rückmeldung erfährt, die man auch zulassen muss um sie erfahren zu können. Also keine falsche Bescheidenheit.

Auch hier spielt die Selbsteinschätzung wieder eine wesentliche Rolle. Nicht alles was einem selbst Freude macht, bereitet damit automatisch auch anderen eine Freude. Fakten, und das aufmerksame Wahrnehmen von Rückmeldung, führen hier zur Erkenntnis.

Der eigene Standpunkt und das eigene Wissen haben ebenso ihren Einfluss. Was ich damit meine ist leicht an dem Beispiel der Sonne erklärt.

Man sagt, während für den einen Menschen die Sonne untergeht, geht sie für einen anderen auf.

Tatsächlich aber geht die Sonne weder unter noch geht sie auf, sie weiß nicht einmal etwas davon.

Es kommt auf den eigenen Standort auf der Erde an, die sich um sich selbst und um die Sonne dreht.

Was ich damit erklären will ist einfach.

- Nimm die Fakten wie sie sind, interpretiere nichts herein was nur dazu führt, die klare Sicht zu vernebeln und unangenehme Details bequemer erscheinen zu lassen.

- Konzentriere die Aktivitäten in deinem Leben darauf, dich auf etwas hin zu bewegen um deine Ziele zu erreichen und deine Wünsche zu erfüllen.

- Versuche dabei Freude mit Menschen zu teilen, die vielleicht sogar parallele Wünsche und Ziele verfolgen, ohne um knappe Ressourcen wetteifern zu müssen.

- Wähle eine Schrittlänge die dich nicht überfordert, und achte bei der Abwägung der Schrittlänge stets darauf, dass die Schritte in die richtige Richtung erfolgen.

- Ärgere dich nicht über menschliches Fehlverhalten, wenn du damit nichts ändern kannst, und überzeuge dich stets davon, warum jemand sich dir gegenüber in der aktuellen Art und Weise verhält. Sucht er Freude für dich, für sich, oder gar für euch beide?

- Was immer einem im Leben begegnet, es existiert unabhängig von der Ansicht die man davon hat. Deine Ansicht zeigt nur die von dir gemachten Erfahrungen und die eigene Einstellung dazu auf.

- Es ist wichtig, soweit möglich zwischen Ansicht und Wirklichkeit zu unterscheiden.

Was kann nun der nächste Schritt nach all dem sein?

Zunächst einmal die Erkenntnis, dass es nie die Umstände selbst sind die unser Gemüt tangieren, sondern unsere Einstellung zu diesen Umständen.

Daraus folgt der nächste Ansatz, den ich am einfachsten in einer weiteren Frage formulieren kann.

Was würdest du alles versuchen, wenn du wüsstest, dass du am Ende erfolgreich sein wirst?

Es gilt sich die Macht der positiven Einstellung zunutze zu machen. Und selbst, wenn wir uns mal nicht stark genug fühlen um Bäume auszureißen, so bleibt bestimmt noch genug Kraft um einige neue Bäume zu pflanzen.

All das sollte in dem Bewusstsein und der Bescheidenheit erfolgen, dass wir niemals ganz Herr des Geschehens um uns herum sein werden, und nicht so allwissend sind, wie uns andere vorzumachen versuchen.

Was hat das nun bitte mit dem Tor zur Seele zu tun?

## 7

## WO BEFINDET SICH DAS TOR ZUR SEELE?

Ein Tor befindet sich sinnvoller Weise in Verbindung zu dem, was es verschliesst oder öffnet. Es ist der Zugang. Haben wir das Tor gefunden, liegt die Seele ganz nah.

Jeder Mensch freut sich über Anerkennung und ist unterschiedlich stark und erfolgreich darum bemüht sie zu bekommen. Auch ich würde mich natürlich mehr darüber freuen ein gutes Buch zu schreiben als ein schlechtes.

Ich habe bisher eine Menge Gedanken aufgeworfen, die mehr oder weniger aufmerksam gelesen wurden. Diese Gedanken gelangten in das Gehirn um dort verarbeitet zu werden. Es würde mich sehr freuen, wenn zumindest einige Passagen dieses Buches den einen oder anderen Gedanken ausgelöst haben und einen Moment im Jetzt erzeugt haben.

Die alten Griechen dachten das Gehirn sei eine Art Kühlung für das Blut. Angesichts der Form mit der, durch den speziellen Aufbau, enorm grossen Oberfläche, war dieser Gedanke gar nicht so abwegig.

Heute wissen wir, dass unser Gehirn nicht der Kühlung dient. Es ist unsere Schaltzentrale.

Wie wichtig diese Schaltzentrale ist, verdeutlicht ein simpler Umstand.

Ein lebender Körper unterscheidet sich in der Summe seiner Elemente nicht von einem Toten.

Es ist lediglich die gemeinsame Idee zum Zusammenwirken als Organismus, die dazu führt, dass sich sämtliche Elemente zu einem funktionierenden Ganzen zusammenfügen. Fehlt diese Idee, so folgen alle Elemente ihrer eignen Bestimmung und der Körper zerfällt.

Laut wissenschaftlicher Definition gehören zum Leben nur drei Bereiche:

- Ein Stoffwechsel.

- Eine sich von dem Umfeld abgrenzende

  Erscheinungsform.

- Die Fähigkeit sich fortzupflanzen.

Ich bin ein Fan der Wissenschaft und kann einer darwinistischen Evolutionstheorie durchaus folgen. An dieser Stelle der Definition für Leben scheint es jedoch etwas zu hapern. Ist ein Mensch der nicht in der Lage ist sich fortzupflanzen kein Lebewesen?

Wie nennen wir einen unfruchtbaren Mann oder eine unfruchtbare Frau die keine Kinder bekommen kann?

Darauf möchte ich aber nicht hinaus. Es geht um unser Gehirn und unseren Geist. Um die Schaltzentrale des Lebens und den Träger der gemeinsamen Idee, zur Form der Organisation die das menschliche Leben ermöglicht. Sie ist es die das menschliche Leben bewirkt.

Viele Menschen meinen, wenn es eine Seele gibt, dann trägt man sie im Herzen. Da Gefühle auch „von Herzen" kommen, ist die Parallele zulässig.

Hört das Herz auf zu schlagen, so schwindet auch die Seele, dies ist ein ebenso oft verwendeter Hinweis.

Wissenschaftliche Untersuchungen zeigten bereits auf, dass unser Herz über eigene Nervenfasern verfügt, welche Signale an das Gehirn senden, die das Denken und Empfinden beeinflussen können.

Bei einem Embryo beginnt das Herz bereits nach wenigen Wochen zu schlagen, lange bevor das Hirn ausgebildet ist. Hier scheint keine Abhängigkeit von unserem Gehirn als Steuerungszentrale zu bestehen. Jedoch besteht eine direkte Verbindung zum Gehirn der Mutter, welches hier durchaus eine Rolle spielen könnte, versorgt der Stoffwechsel der Mutter ja auch ansonsten den Embryo.

Nur was passiert mit dem transplantierten Herzen des Inders in die Brust des Europäers (oder umgekehrt), wie eingangs erwähnt? Liebt der neue Träger des Herzens nun die Angehörigen seines Spenders? Wohl kaum. Ich denke, er wird sie nicht einmal erkennen, würde er ihnen ohne Vorabinformation zufällig begegnen. In östlichen Schriften findet sich wiederholt eine Dreiteilung des menschlichen Körpers. Man unterscheidet dort den physischen Körper, den subtilen Körper mit dem Herz als Zentrum, und den geistigen Körper mit der Seele als Mittelpunkt.

Ich versuche realistisch zu sein und beschränke mich besser auf mein Gehirn als zentrales Steuerungsinstrument und begnüge mich damit, dass eine gute partnerschaftliche Verbindung zwischen meinem Gehirn und meinem Herzen besteht. Gemeinsam leisten sie Grossartiges.

Längst gibt es bestätigte medizinische Studien die belegen, dass Atmung und Herzschlag interagieren. Bei Stress der von Gehirn wahrgenommen wird kann sich der Herzschlag reduzieren und somit die Durchblutung verschlechtern. Ohne Frage gibt es da Zusammenhänge.

Nun gilt es noch eine brauchbare Differenzierung zwischen Gehirn und Seele zu finden.

Am einfachsten vergleicht sich die Beziehung zwischen Gehirn und Seele mit einer Geige und der Musik, die darauf gespielt wird. Ohne Geige wird es keine Geigenmusik geben, jedoch können die unterschiedlichsten Stücke auf der Geige gespielt werden.

Das Ergebnis entsteht letztendlich aus sich wechselseitig beeinflussenden Faktoren.

Die Biologie unseres Körpers, unsere sozialen Beziehungen, die gesellschaftlichen Verhältnisse und die uns umgebende materielle Welt bilden den Rahmen und ermöglichen (um Jean-Paul Sartre zu zitieren) „dass der Mensch immer etwas aus dem machen kann, was man aus ihm macht."

Zugegeben, sich mit dem Gehirn zu beschäftigen ist schwierig, da es selbst nach dem heutigen Stand der Wissenschaft noch sehr viele überaus komplexe Bereiche in unserem Gehirn gibt von denen wir nicht die leiseste Ahnung haben.

Wer verlässt sich bei so wichtigen Dingen schon gerne auf vage Erkenntnisse?

Wir alle tun es! Jeden Tag und mit wachsender Begeisterung. Immer wieder stosse ich auf dasselbe Schema. Wo der Verstand versagt, sucht der Mensch die Erklärung im Phantastischen. Er findet eine Erklärung im Glauben oder im Spirituellen, in Vorgaben Dritter, oder gar im Übernatürlichen.

Ich kann keine Wunder versprechen. Sollte es Menschen geben, die tatsächlich übernatürliche Kräfte besitzen, ich würde sie um Hilfe bitten. Offen gestanden habe ich jedoch meine Zweifel an diesen Kräften.

Betrachtet man einmal die enormen Koordinations- und Steuerungsleistungen unseres Gehirns mit seinen angeschlossenen Elementen, so erkennen wir leicht, dass sie es sind die den Unterschied zwischen Leben und Tod ausmachen. Unser eigenes Gehirn, ein Teil von uns.

Wenn das so ist und wir den Schlüssel zum Leben in uns tragen, wir es also sind die Leben erzeugen, steuern und beenden können, weshalb dann im Externen suchen?

Was spricht dagegen, das eigentliche wahre Gebet in uns selbst zu suchen, statt es uns von einer Kanzel herab mit anzuhören? Kann das externe Gebet unserem eigenen Wesen denn so gerecht werden, wie wir uns selbst gerecht werden können? Ich bin der Meinung, jeder Mensch ist sein eigener Gott.

Wenn ich eine Seele wäre und mein Träger sich Zeit seines Lebens damit beschäftigen würde, mich durch Berieselung Dritter erklären zu lassen und überall statt in sich selbst zu suchen, ohne auch nur zu versuchen und geschweige denn zu erkennen, dass ich ein Teil eben dieses Wesens selbst bin, wäre ich zu Recht sehr beleidigt!

Unsere Seele ist das Ergebnis unserer Wahrnehmungen, unserer Gedanken und unserer Gefühle. Sie ist die Information in unserer Schaltzentrale im Gehirn, welches unser Leben koordiniert und ermöglicht.

Diese Information ist ein Teil von uns, untrennbar mit uns verbunden und dennoch beliebig auf alles Übertragbar, was wir in unser Leben lassen.

Diese Universalität macht eine Seele zu etwas so Besonderem.

Ein gläubiger Mensch im hohen Alter sagte in einem Gespräch einmal folgendes:

»Ich hatte ein erfülltes Leben und es gab auch viele Momente des Leids. In solchen Momenten dachte ich manchmal es gäbe kein Gott und wir hätten keine Seele. Heute weiß ich, dass es stimmt, wir haben keine Seele. Wir sind eine Seele und als Mensch haben wir einen Körper. «


Neben den so genannten Dualisten, also Menschen die an die Existenz des Körpers und der Seele glauben, gibt es auch Physikalisten. Sie glauben nur an die Existenz des physischen Körpers. Selbst wenn wir nur einen Körper haben, gilt es noch zu erklären, weshalb in so vielen menschlichen Körpern der Glaube an eine Seele entsteht.

Als Ausgangsüberlegung bediene ich mich der Gemeinsamkeiten. Die Existenz des Körpers ist unbestritten, ebenso das wir alle sterben werden. Anstatt sich über den Sinn des Lebens Gedanken zu machen, kann man ebenso über den Sinn des Todes nachdenken.

Mein Gedanke dazu ist kurz: Bevor wir sterben, leben wir. Erst der Tod lässt uns lebendig erscheinen.

Im Laufe des Lebens entwickeln sich die unterschiedlichsten Glaubensrichtungen in unterschiedlichen menschlichen Kulturen. Dieser Glaube wird geschaffen, indem Informationen im Gehirn verarbeitet werden. Information ist die dritte Kraft in unserer Welt, neben Materie und Energie, aus denen alles besteht. Informationen bestimmen die Inhalte unseres Denkens und als Information werden unsere Lebenserfahrungen erhalten und transportiert.

Wie wichtig Information ist zeigt sich an einem einfachen Beispiel. Ein Datenträger (Schallplatte, CD, MP3-Player, USB-Stick) besteht aus Materie und kann unter Einsatz von Energie abgespielt werden. Um jedoch etwas abspielen zu können, zum Beispiel Musik, muss zuvor die Information auf den Datenträger geladen werden, sonst hören wir nichts.

Genau wie bei jedem Datenträger lädt auch unser Gehirn ständig Daten. Ebenso wird Glaube und Religion in unser Gehirn geladen. Dagegen ist nichts einzuwenden. Schlimm wird es nur, wenn durch den im Gehirn geschaffenen Gottesglauben Andersgläubige verfolgt oder gar getötet werden, da sie als „Konkurrenz" oder als „unwürdig" empfunden werden.

Um eine Konkurrenz von Daten zu vermeiden, helfen größere Datenspeicher, die alle Alternativen zulassen. In der technischen Welt dienen dazu Datenspeicher mit immer grösserer Speicherkapazität. In der menschlichen Welt hilft Toleranz und Vernunft.

Tolerant und vernünftig zu handeln, bedeutet nicht jedweder spirituellen Angelegenheit auszuweichen.

Natürlich kann es ungeheuer spannend sein, sich zum Beispiel über Nahtoderfahrungen von Menschen zu unterhalten. All die Bilder die Menschen gesehen haben, während sie quasi tot ihren Körper verlassen haben, erscheinen einem schon spektakulär.

Etwas nüchterner sieht es die Neurowissenschaft. Die visuellen Bereiche des Gehirns enthalten mehr Nervenzellen als andere Bereiche. So erhalten wir von dort am längsten Informationen. Auch bleibt das zentrale Gesichtsfeld am längsten erhalten, was den oft beschriebenen Tunnelblick erklärt.

Vernunft ist häufig sehr nüchtern, vermeidet jedoch Konflikte.

# 8

## ENTWICKLUNG

Wenn wir uns darauf einigen können, dass unser Gehirn ein akzeptabler Aufenthaltsort für die Informationen aus der Seele darstellt, zumindest solange sie dort gebraucht werden, sind wir einen Schritt weiter. Immerhin ist unser Gehirn der am besten versorgte und geschützte Bereich unseres Körpers. Wäre ich eine Seele, würde mir der Platz gefallen.

Unser Kopf bietet dem Gehirn einen ganz besonderen Schutz. Ein wesentlicher Unterschied zwischen einem Insekt und einem Säugetier, wozu auch der Mensch gehört, findet sich in der Art und Weise wie der Körper seine Stabilität erhält. Während ein Insekt einen außenliegenden festen Chitin Panzer hat, befindet sich beim Menschen die feste Struktur im inneren als Skelett. Nur beim Kopf befindet sich die starke Knochenstruktur schützend im Aussenbereich, ähnlich dem Panzer bei Insekten, nur wesentlich stärker.

Unser Gehirn empfängt Informationen über zahlreiche Sinnesorgane. Die Sinne sind uns gut bekannt.

Wir sehen, hören, fühlen, schmecken, riechen und haben einen Gleichgewichtssinn.

Das alles wissen wir aus eigener Erfahrung und aus dem Biologieunterricht.

Aus über Rezeptoren an Sinnesorgane weitergeleiteten Informationen, die wiederum über entsprechende Nervenbahnen an unser Gehirn weitergeleitet werden, macht unser Gehirn diese Eindrücke für uns wahrnehmbar. Dies stellt eine ständige Verarbeitung von Datenmengen, die selbst angesichts modernster Entwicklungen in der Computertechnologie unvorstellbar groß sind. Einige dieser Daten werden von uns als Erfahrung gespeichert. Zum Teil nur kurz, teilweise länger und teilweise unauslöschbar. Sie werden Teil unserer Seele und begleiten uns ein Leben lang, vielleicht sogar noch darüber hinaus.

Vielleicht?

## Wie speichern wir Erinnerungen?

Neben der in der heutigen Zeit allgemein gut nachvollziehbaren Evolutionstheorie von Charles Darwin (die kaum noch nur als Theorie zu bezeichnen ist) hat die Wissenschaft uns weitere Einblicke ermöglicht.

Kann man im Laufe seines Lebens gemachte Erfahrungen auf seine Kinder übertragen, ohne ihnen diese nach ihrer Geburt beibringen zu müssen?

Landläufig heisst es noch heute vielfach, Kinder sind ihren Eltern ähnlich, weil sie mit ihnen gemeinsam aufgewachsen sind. Ist das so?

Aktuelle Forschungsergebnisse an Kleintieren sprechen da eine deutliche Sprache.

So hat man Ratten zeitlebens einer sehr störenden akustischen Belästigung ausgesetzt, indem wieder und wieder ein lauter Ton über ihrem Käfig erzeugt wurde. Anfangs reagierten die Ratten heftig und verschreckt auf den Ton. Mit der Zeit legte es sich jedoch, und die Reaktionen der Ratten schwächten stark ab oder blieben gänzlich aus, was nicht etwa daran lag, dass die Ratten taub wurden.

Mittels modernster Techniken wurde der Bereich im Hirn der Ratten ausfindig gemacht, welcher auf den Lärm reagiert.

Ein Organismus speichert Informationen indem er Eiweissstrukturen bildet. In komplizierten Molekühlketten verbinden sich einzelne Bausteine zu speziell zusammengesetzten Strukturen mit entsprechendem Informationsgut.

Den so behandelten Ratten, wurde RNS (Ribonukleinsäure) entnommen, welche als Teil in die DNS (Desoxyribonukleinsäure), also in das Erbgut des Tieres eingeht. Dieses Erbgut wurde nun zur Zucht von Ratten verwendet, die niemals einer derartigen Lärmbelästigung ausgesetzt waren.

Das überraschende Ergebnis war, dass sich die Ratten deutlich weniger bis gar nicht vom Lärm erschreckt zeigten, obwohl sie eine derartige Erfahrung nicht selbst gemacht haben konnten.

Auch vielfache Wiederholungen des Versuches führten stets zum gleichen Ergebnis. Durch das Einbetten unserer Erfahrungen in unsere RNS und das Einbetten in unser Erbgut der DNS, welche uns als Doppelhelix bekannt ist, übertragen wir Informationen auf nachfolgende Generationen.

Neben der Evolution, welche laut Darwin durch zufällige Mutationen und Selektion erfolgt, geschieht also auch eine tatsächliche Weitergabe gespeicherter Informationen durch Fortpflanzung.

Da kommt einem natürlich gleich der Gedanke, dass es doch viel effizienter wäre, möglichst spät Kinder zu bekommen, da zu diesem Zeitpunkt doch viel mehr Informationen gespeichert sind. Wobei dies nur bei Männern funktionieren könnte, da sich bei ihnen im Gegensatz zu Frauen etwa alle drei Monate die Spermien durch Kopieren der DNA-Stränge neu bilden. Allerdings steigt somit auch bei jeder Teilung das Risiko veränderter oder defekter Gene, wodurch ein älterer Mann seinen Nachkommen ein risikoreicheres Vermächtnis hinterlassen könnte.

Ein spannendes Thema, nur geht es mir nicht um die Menge an Informationen oder um die Möglichkeit ihrer Übertragung, sondern vielmehr um unseren unsterblichen Bestandteil.

In unserem Erbgut tragen wir etwas Unsterbliches. Auch wenn wir uns darüber im Klaren sind, dass Leben Sterben erzwingt. Das einzig sichere bei der Geburt eines Lebewesens ist die Tatsache, dass es einmal sterben wird. Der Tod folgt dem Leben mit der gleichen Sicherheit wie das Einatmen dem Ausatmen.

Folgt man nun diesem Gesetz der Schwingung, wie den Gezeiten der Meere, den Jahreszeiten, der Elektrizität, Perioden von Frieden und Krieg, den Tageszeiten, usw., so zeigt uns diese Beobachtung das gleiche rhythmische Bild, den gleichen polaren Wechsel. Wie leicht könnte man nun annehmen, dass sich eine solche Gesetzmässigkeit auch auf das Leben übertragen lässt, und nach eben dem gleichen Gesetz der Tod mit Sicherheit wieder Leben erzwingt. Weshalb sollte eine solche Gesetzmäßigkeit auch gerade vor dem Phänomen Leben haltmachen? Ganz so einfach ist es jedoch wohl nicht.

Betrachtet man die Gesetzmässigkeiten, zum Beispiel die Gezeiten der Meere, so ist zwar alles im Verbund und in Bewegung, jedoch ist es niemals dasselbe. Keine Welle ist wie die andere. Immer neue Formen zeigen sich. Kein Wassertropfen gelangt wieder und wieder an dieselbe Stelle am Strand. Es sind ständige Veränderungen im gegenseitigen Miteinander, unter dem Einfluss von Anziehungskräften, des Windes, der Strömung, der Temperatur, Hindernisse, und sonstiger Einflüsse die zu immer anderen Erscheinungsformen der Wellen führen. Diese Vielfältigkeit erinnert mich viel mehr an das Leben.

Die Elemente unseres Körpers gehen als Teil der Natur in ein grosses Ganzes über, nichts geht verloren, soviel ist klar. Atome der Elemente Wasserstoff, Sauerstoff, Stickstoff, Kohlenstoff, usw. folgen ihren Gesetzmäßigkeiten und gehen wieder und wieder Verbindungen ein.

Während alle Elemente unsere Körperzellen eines Tages, ihren eigenen Gesetzmässigkeiten folgend, neue Verbindungen eingehen, können die Informationen in unserer DNA überleben und zur Weiterentwicklung unserer Art beitragen. Durch die außergewöhnlichen Denk- und Kommunikationsfähigkeiten der Spezies Mensch ist eine unvorstellbare Entwicklung ermöglicht worden, an der wir teilhaben können, als Teil des grossen Ganzen.

Diese Entwicklung beeinflussen wir nicht nur indem wir Kinder zeugen, sondern auch indem wir unser Wissen anderen Menschen weitergeben, uns nützlich machen, anderen Menschen Gutes tun und wertvolle Informationen verbreiten und vermehren. Durch den Umgang mit wertvollen Informationen, können die Menschen deren Nutzen lernen, die Informationen speichern, sich entsprechende Verhaltensweisen aneignen und sie vererben, indem sie sich dann, mit wem auch immer, fortzupflanzen.

Ganz ohne die Fortpflanzung am Ende geht es nicht, deshalb ist sie natürlich auch so wichtig für die Definition von Leben und die Weitergabe oder Wanderung von „Seelen". Wie wichtig dabei die Verbreitung von positivem und sinnvollem Gedankengut ist, lässt sich leicht daran erkennen, dass natürlich auch gegenteiliges gespeichert wird. Der Lärm über dem Rattenkäfig war sicher nichts Angenehmes für die Tiere. In dieser Vorstellung ist eine Seele mehr ein Teil des grossen Ganzen, wie eine Information im Internet. Das ist viel weniger egoistisch und selbstbezogen als die Annahme, eine Seele komme in einem Stück zurück und mache da weiter wo sie aufgehört hat. Vielmehr bleiben alle Informationen, Handlungen und Gefühle ständig vorhanden und beeinflussen alles Leben, das mit ihnen in Verbindung steht. Der Gedanke an einen uns nahestehenden Verstorbenen ist ein Teil dieser Seele, ebenso wie weitergegebene Fertigkeiten, und sonstige Merkmale und Eigenschaften.

Im Verlaufe unseres Lebens können wir nicht nur zur Weitergabe unseres Erbgutes beitragen, sondern haben sogar noch Einfluss auf dessen Zustand, wenn auch oft nur unbewusst und noch sehr beschränkt.

Natürlich sind wir trotzt spektakulärer und rascher Entwicklung von Forschung und Wissenschaft noch nicht in der Lage uns alles zu erklären. Das wäre auch vermessen.

Auf die Frage, weshalb uns eine Ameise keinen Verbrennungsmotor erklären kann, können wir ganz gelassen reagieren. So ein Blödsinn, denn abgesehen davon, dass man mit einer Ameise nicht sprechen kann, befindet sich die Ameise auf einer ganz anderen Entwicklungsstufe und ist natürlich niemals in der Lage etwas Derartiges zu erklären.

Auch wird uns ein Schimpanse nicht die aktuelle Steuergesetzgebung erläutern können, denn auch wenn er sich bereits auf einer deutlich höheren Entwicklungsstufe befindet, so ist er dazu noch lange nicht in der Lage. Auch wir sind nur eine Entwicklungsstufe.

Es werden klügere Wesen nach uns folgen, denen sich vielleicht die für uns noch unzugänglichen Erklärungen zu Raum und Zeit nebst uns noch unbekannten Naturgesetzen erschließen werden.


Nichts bleibt wie es ist.

## 9

## POSITIVER EINFLUSS

Da das menschliche Dasein nun einmal nicht frei von Leid sein kann, ist es wichtig dies zu erkennen und sich nicht allein auf das Positive zu konzentrieren, so verlockend es auch immer sein mag. Unser Leben wird uns keine dauerhafte Zufriedenheit bringen, was uns nicht davon abhalten darf, sich selbst und anderen ein mehr an Freude zu verschaffen. Es gilt, sich auf die unzähligen Ansätze zur eigenen Freude zu konzentrieren, gleichgültig ob man dafür bei sich selbst oder bei anderen ansetzt. Wichtig ist zu erkennen, was für einen selbst und seine Mitmenschen wirklich wichtig ist.

Andere Menschen glücklich zu machen, ist eine oft unterschätze Freude in der heutigen Zeit des Mobbings und anderer, zum Teil mittels elektronischer Medien praktizierten Arten der negativen Beeinflussung Dritter. Schadenfreude kann lustig sein, sie darf nur nicht zum Dauerzustand werden.


Eine gute Mischung aus Mitgefühl ohne sich selbst aufzuopfern, und Weisheit ohne anderen zu schaden, erscheint mir der beste Ausdruck von Reife zu sein.

Einer der wohl grössten Unterschiede und damit verbunden die grössten Probleme, entstehen durch die stetig zunehmende Kluft zwischen Arm und Reich.

Eine erschreckende Entwicklung.

Schon Abraham Lincoln sagte, dass man den Armen nicht hilft indem man die Reichen ausmerzt. Reichensteuer und Wettbewerbsverbote sind ebenso wenig hilfreich. Die Einstellung des Dalai-Lama ist da wesentlich hilfreicher. Er vertritt die Meinung, dass es sinnvoller wäre, die dynamischen Methoden des Kapitalismus zu nutzen, um Gewinne zu erzielen und diese dann auf ebenso nützliche und sinnvolle Weise den Bedürftigen zugutekommen zu lassen.

Diese Vorgehensweise bedingt zwar eine gewisse Bereitschaft zum Teilen, ist jedoch aus praktischer und ethischer Sicht die wohl beste Möglichkeit, positive gesellschaftliche Veränderungen herbeizuführen.

An diesem Weg gilt es zukünftig zu arbeiten, auch wenn es nicht von heute auf morgen gelingen wird.


Es schadet nicht sich darüber im Klaren zu sein, dass unser Leben von Natur aus auch durch Kummer und Leid gekennzeichnet ist, wodurch wir uns allesamt wünschen, diesen Zustand dahingehend zu ändern, dass der Kummer weniger und die Freude mehr wird.

Das ist nicht besonders originell. Wenn doch alle Menschen den Wunsch hegen glücklich zu sein und Leid zu überwinden, ist es doch nur Verständlich, dass auch jeder von uns ein Recht darauf hat sich einen derart innigen Wunsch zu erfüllen, denn da sind wir alle gleich.


Aus diesem Grunde ist es so wichtig, sich nicht in den Bann negativer Emotionen zu begeben. Die Konsequenzen die es hat, wenn man sich von negativen Emotionen überwältigen lässt und sich von starker Abneigung treiben lässt, sind frappierend.

Bei genauer Betrachtung liegt ein hohes Mass an Irrationalität darin, auf erlittenes Leid oder auf erlittenes Unrecht mit Wut oder Hass zu reagieren. Es steigert das eigene Leid noch. Richtet sich doch diese Wut oft gegen unsere Feinde, durch welche wir Leid erfahren haben. Auf eben diese unsere Feinde hat unsere Wut oder unser Hass jedoch keine körperlichen Auswirkungen, unsere Wut fügt ihnen keinen Schaden zu. Wir selber sind es die unter den Auswirkungen leiden, die verbittert sind, schlecht schlafen, appetitlos sind und vieles mehr.

Ein solches Verhalten zieht uns noch mehr in Mitleidenschaft ohne uns dem erwünschten Glücksgefühl näher zu bringen. Für die Menschen die uns Unrecht getan haben, oder für unsere Feinde, läuft alles weiter wie gehabt. Sie sind meist in gänzlicher Unkenntnis darüber wie es uns geht und bekommen gar nicht mit welchem Leid wir ausgesetzt sind, selbst wenn es durch sie verursacht wurde.

Grundsätzlich lässt sich frei von Hass und Wut deutlich souveräner auf jede Art von Handlung reagieren, die sich gegen uns richtet. Niemand erwartet ganz frei von Hass oder Wut zu sein, es gilt nur sich nicht von derartigen Emotionen überwältigen zu lassen.

Mehr Gleichmut lautet die Formel für ein glücklicheres Leben, welches sich weiterzugeben lohnt. Es gilt ein mehr an Gleichmut zu entwickeln und nicht alles gegeneinander aufzurechnen.

Wir werden weder im Positiven noch im Negativen alles gegeneinander aufrechnen können, jedem von uns geht es so, warum es dann erst versuchen?

Selbst im positivsten Fall, wahrer Liebe, ist eine Aufrechnung nicht möglich. Die Liebe und Güte die uns unsere Mutter allein schon als wir noch ein Baby waren erwiesen hat, werden wir nur schwerlich angemessen erwidern können. Darum geht es auch gar nicht.

Zeigt sich doch an der Liebe der Mutter für ihr Kind bereits an dieser Stelle ein Hinweis, dass eine Mutter in Form ihres Kindes bereits einen Teil ihrer unsterblichen Seele in Händen hält, obwohl sie selbst noch inmitten ihres Daseins steht.

Bewusst oder unbewusst spielt dabei gar keine Rolle. Die Vorstellung von der Seele als etwas kompaktes, unteilbares und irgendwie im Ganzen Übertragbares, müsste an dieser Stelle aufgehoben werden.

Sie wäre mehr wie ein Teil des Internet, welches als Bestandteil im Ganzen aufgeht und dennoch stets zuzuordnen wäre.

Im Leben geht es darum seinem eigenen, elementaren Anspruch im Bestreben nach Verwirklichung von mehr Glück und weniger Leid gerecht zu werden. Dazu bedarf es eines inneren Dialoges, Selbstreflexion, Selbsterkennung und das Finden der inneren Ruhe.

Was wir dafür brauchen ist Zeit.

Und ist Zeit nicht das Einzige was wir haben?

# 10

## Zeit

Was wir heute überwiegend unter Zeit verstehen ist nur der quantitative Anteil, also die Uhrzeit, wie sie uns von Uhr und Kalender angezeigt wird.

Der qualitative Aspekt der Zeit gerät dadurch ins Hintertreffen. In Kultur, Familie, Liebe oder in der Erziehung, erhält der Faktor Zeit eine ganz andere Bedeutung. Hier gilt mehr der qualitative Aspekt der Zeit. Es zählt eine Naturzeit, von der wir ein Teil sind. Es gilt weniger die Rastlosigkeit die wir durch die Ökonomisierung der Zeit und deren Verrechnung in Geld kennen.

Mit der Uhr ist ein neues Ordnungsmodell in die Natur gekommen. Natürlich orientiert sich die Uhr an rhythmischen Ordnungen der Natur, nur gibt sie einen Takt vor, der in seiner Präzision eben nicht rhythmisch und ebenso wenig natürlich ist. So musste ich als Kind zum Beispiel um Punkt acht Uhr in der Schule sein, obwohl ich noch gar nicht lernbereit war. In der Schule lernt man zwar die Uhrzeit, jedoch nicht die eigenen Zeitrhythmen.

Wann sind die Leistungshöhepunkte, wann die Leistungstiefs?

Meine Hochs liegen in der Regel zwischen neun und zwölf Uhr am Vormittag, sowie am Nachmittag zwischen drei und sechs Uhr.

Die Uhrzeit ist wohl die Erfindung der Menschheit, die nach dem Rad eine der bedeutendsten Veränderungen in der menschlichen Entwicklung zur Folge hatte. Eine Entwicklung ist zunächst einmal wertfrei zu sehen, es gilt hier nicht gut und schlecht gegenüber zu stellen. Alles wird sich immer weiter entwickeln und sich verändern. Entscheidend ist das Verhältnis von sich aus der Entwicklung ergebenden Vorteilen, zum dadurch entstandenen Ballast.

Im Umgang mit dem Faktor Zeit gilt es also stets die qualitativen gegenüber den quantitativen Aspekten abzuwägen.

Durch eben diesen Unterschied ergeben sich auch unsere unterschiedlichen Zeitempfindungen.

Etwas sehr Schönes kann „wie im Fluge" vergehen, eine Tätigkeit, die mehr Unbehagen auslöst, kommt einem in der Regel viel länger vor, und die Zeit „zieht sich ewig" hin. Man sagt, „ein Tag ist immer gleich lang aber unterschiedlich breit".

Der Mensch ist nicht zeitsouverän, er unterliegt zum Beispiel der eigenen Müdigkeit und muss schlafen. Die Zeit kann und muss nur im Jetzt erlebt werden, es gibt keinen Nachtragshaushalt für Zeit.

Hier sind wir wieder bei der inneren Ruhe und der Suche nach dem eigenen Glück. Im Jetzt liegt die Lösung, nicht in der Vergangenheit oder in der Zukunft.

Es ist wichtig zu erkennen in welcher Zeitsituation ich gerade bin, welche Zeitfreiheiten ich habe und welchen Zeitzwängen ich ausgesetzt bin.

Das Empfinden der Zeitabläufe im Alter erscheint einem kürzer als in der Kindheit. Woran liegt das? Bei isolierten Prozessen liegt es daran, dass man im Alter langsamer wird. Bewegungsabläufe und gedankliche Prozesse brauchen länger und erzeugen somit in der Tat die Situation, dass man für dieselben Abläufe länger benötigt und somit das, was man in derselben Zeitspanne erreichen kann, weniger ist. Somit kommt einem die Zeit kürzer vor.

Im Gesamtgefüge liegt es am relativen Verhältnis unseres Empfindens.

Für ein zehnjähriges Kind sind die letzten fünf Jahre das halbe Leben, fünfzig %, also sehr viel. Für einen Fünfzigjährigen dagegen sind die letzten fünf Jahre nur zehn % seines bisherigen Lebens, also vom Empfinden her leicht nachvollziehbar deutlich weniger als die fünfzig % des Zehnjährigen.

Dieses subjektive Empfinden ergibt sich logischerweise allein aus der Verhältnismässigkeit zur gesamten Lebenszeit. Tatsächlich sind die fünf Jahre identisch lang, jedoch erklärt sich so das unterschiedliche Zeitempfinden.

Es gilt eine bestimmte Langsamkeit zu pflegen, die einem die wichtigen qualitativen Aspekte der Zeit vergegenwärtigt. Langsamkeit wird in unserer Gesellschaft allgemein als schlecht dargestellt. Es gilt natürlich nicht Zeit zu verschwenden, sondern gemäss dem Grundsatz „Carpe Diem" den Tag zu nutzen. Hierbei ist die Definition von Nutzen entscheidend.

Der Nutzen sollte nicht die ökonomische Maximierung, sondern die Optimierung der Qualität sein.

Also: „Eile mit Weile", immer im Bewusstsein, was einem die eingesetzte Lebenszeit bringt und was es sich in dieser Zeit zu erwerben lohnt, um es weiterzugeben.

Ernest Hemingway schrieb zu diesem Thema:

"Es gibt Dinge, die sich nicht schnell erlernen lassen. Sie zu erwerben kostet viel Zeit, und wir besitzen nichts als Zeit. Es sind die aller einfachsten Dinge, und weil ein Menschenleben dazu gehört, sie kennen zu lernen, ist das wenige Neue, das jeder Mensch seinem Leben abgewinnt, sehr kostbar und das einzige Erbe, das er hinterlassen kann."

## 11

## Umgang mit seelischen Grausamkeiten

Ganz gleich in welchem Teil unseres Körpers sich unsere Seele aufhalten mag, sie ist von seiner Ernährung ebenso abhängig wie alle anderen Bestandteile unseres Körpers.

Aus meinem Studium waren mir Auswirkungen minderwertiger Lebensmittel auf das Herz-Kreislaufsystem und den Magen-Darmtrakt noch bewusst. Viele Prozesse im Leben bestehen aus drei Bereichen: Aufnehmen, Verarbeiten und Ausscheiden. Das gilt nicht nur für das Essen!

Irgendwann im Verlauf unseres Lebens fällt jedem eine veränderte Körperreaktion nach der Nahrungsaufnahme auf. Sei es eine Zu- oder Abnahme des Körperumfanges, Schmerzen, Hochgefühle oder Niedergeschlagenheit.

Neben allgemeingültigen Regeln zur Nahrungsaufnahme gibt es Unverträglichkeiten bis hin zu Allergien.

Verschiedene Arten von Nahrung erfordern verschiedene Verdauungssäfte und die sind nicht alle optimal miteinander verträglich.

Stärkereiche Nahrung wie Reis, Brot oder Kartoffeln benötigt alkalihaltiges Verdauungsmittel, zum Beispiel das Enzym Ptyalin.

Proteinreiche Nahrung wie zum Beispiel Fleisch, Milchprodukte oder Nüsse erfordert zur Verdauung Säure (Hydrochloridsäure und Pepsin).

Unser Organismus ist in der Lage diese verschiedenen Verdauungsmittel zu produzieren. Nur wissen wir aus der Chemie, dass gegensätzliche Mittel (Lauge und Säure) nicht gleichzeitig wirken können. Sie neutralisieren sich. Diese Körperfunktionen sind auch sehr wichtig, zum Beispiel um den säurehaltigen Nahrungsbrei beim Austritt aus dem Magen über den Zwölffingerdarm in den Dünndarm zu „entschärfen" indem ihm alkalische Gallenflüssigkeit beigemischt wird.

Gleichzeitiges Essen von protein- und stärkehaltiger Nahrung beeinträchtigt somit die Verdauung.

Unverdaute Nahrungsreste sind Nährboden für Bakterien und führen durch Gärung zu Blähungen und Verdauungsstörungen.

Ebenso wie bei der Nahrungsaufnahme liegt es zu großen Teilen an uns selbst, welchen seelischen Belastungen wir uns aussetzen und wie wir mit den Belastungen umgehen.

Es gilt den Körper wie auch die Seele bestmöglich auf die anstehenden Aufgaben vorzubereiten.

Dazu ist tägliche Bewegung wichtig, vielleicht sogar etwas Sport und Atemübungen. Hierbei ist es gut tief aus dem Bauch einzuatmen (zwei Sekunden), den Atem etwas zu halten (drei Sekunden), und dann auszuatmen (eine Sekunde).

Die Atmung kontrolliert nicht nur die Sauerstoffversorgung der Zellen, sondern auch das Lymphsystem.

Die Lymphe wird allein durch die Atmung und durch Bewegung der Muskeln weitertransportiert. Die Menge der Lymphe entspricht in etwa der vierfachen Menge des Blutes. Die Flüssigkeit fließt durch die Lymphknoten, in denen diverse Giftstoffe und überschüssige Flüssigkeit neutralisiert und beseitigt werden. Im Unterschied zum Blutkreislauf hat das Lymphsystem keine

Pumpe wie das Herz. Deshalb sind eine richtige, tiefe Atmung und viel Bewegung so wichtig.

Dazu sollte man noch so viel wasserhaltige Nahrung wie möglich zu sich nehmen, um so den Körper bei seiner Reinigung zu unterstützen. Die Einnahme von Nahrung, die die Ausscheidungsorgane belastet sollte eingeschränkt werden, auch wenn es bei Schokolade schwerfällt. Es ist hilfreich seine Ausscheidungsorgane wie Darm, Lunge, Niere, Leber und Haut beim Ausscheiden der toxischen Abfallprodukte mit ausreichend Wasser zum „Lösen" zu unterstützen.

Ich erinnere mich an die Frage meines Medizinprofessors an der Universität: Wie viel Prozent Ihrer Speisen bestehen aus wasserhaltiger Nahrung? Ihr Körper besteht aus bis zu siebzig % Wasser.

Körperzellen sind dann am überlebensfähigsten, wenn sie mit Nährstoffen versorgt und von Ihren eigenen Abfallprodukten befreit werden.

Unabhängig davon haben unsere Körperzellen eine sehr unterschiedlich lange Lebensdauer. Hautzellen sind nach weniger als vier Wochen ersetzt, rote Blutkörperchen leben bis zu drei Monaten, Leberzellen bis zu einem Jahr. Andere Zellen begleiten uns sogar viele Jahre. Man sagt, nach etwa sieben Jahren sind so ziemlich alle Körperzellen mindestens einmal ersetzt worden. Das erklärt vielleicht auch das verflixte siebte Jahr in Partnerschaften. Spätestens jetzt kommt uns der Partner irgendwie fremd vor. Spass beiseite, Aufnehmen – Verarbeiten – Ausscheiden.

Mehr ist es nicht!

Da dies nicht nur für das Essen gilt, ist es wichtig die diversen „Abfallprodukte", die einem das Leben so hinterlässt, gut zu verarbeiten und sie auszuscheiden, damit wir uns nicht an ihnen vergiften. Sie sollen sich nicht in uns festsetzen können um somit Gefahr laufen weitergegeben zu werden. Ebenso brauchen wir für jeden Druck ein Ventil.

Es wäre naiv zu glauben, wir könnten widrigen Bedingungen des Lebens und seelischen Grausamkeiten aus dem Weg gehen.

Das Überleben unter widrigen Bedingungen hängt davon ab, dass man jeden Augenblick der Gegenwart schöpferisch angeht und als das durchlebt, was er ist, statt das Erlebnis zu bewerten oder gar sich selbst der Strafe des Selbstmitleids zu unterwerfen und einfach aufzugeben.

Es gilt den Geist, der einem selbst gehört und einem nicht genommen werden kann dazu zu nutzen, Situationen schöpferisch zu leben, indem nur der jeweilige Augenblick von Bedeutung ist.

Wenn das Selbstwertgefühl auf den gegenwärtigen Augenblick gelenkt ist und man sich weigert sich von seinen Ansichten besiegen zu lassen, ist die Grundvoraussetzung für das Überleben unter widrigen Bedingungen gegeben.

Auch als Mensch mit bester Disziplin erlebt man immer wieder Tage, an denen es einem schlechter geht, an denen man sehr traurig ist und an denen einem schönen Dinge mehr fehlen als an anderen Tagen.

Es ist hilfreich sich an solchen Tagen an etwas zu erinnern, was ich vor langer Zeit einmal gelesen hatte.

„Halte dich von der Traurigkeit fern, denn sie ist eine Krankheit der Seele. Zwar kennt das Leben viele Krankheiten, doch ein Geist der jedes Ding so heiter wie möglich, und jede zweifelhafte Schicksalsfügung als Teil des Ganzen ansieht, trägt in sich ein mächtiges Gegenmittel. Die schwermütige Seele verstärkt das Unglück, während ein fröhliches Lächeln oft die Nebel zerteilt, die einen Sturm verkünden".

Ich kann mich nicht mehr erinnern wo ich es gelesen hatte, aber da es ja hier nicht Teil einer Doktorarbeit ist, darf ich das Zitat sicher auch ohne Benennung des Autors verwenden.

## 12

### Übersetzungs- und sonstige Fehler

Betrachtet man die gängigen Weltreligionen, so fallen einem bei den vermittelten Werten zahlreiche Parallelen auf. Ob in der Bibel des Christentums, dem Koran des Islams, vom Hinduismus bis hin zu Schriften einer buddhistischen Weltanschauung, es findet sich die Vermittlung identischer Werte wieder. Menschlichkeit, Mitgefühl und Barmherzigkeit sind nur einige davon. Immer dreht es sich um das Finden des inneren Friedens, um mehr Glück und weniger Leid zu erfahren. Im Kleinen wie im Grossen.

Und dennoch wurden selbst aus diesen grundsätzlich friedlichen Postulaten, durch Fehldeutungen und Übersetzungsfehler, immer wieder Auszüge missbraucht. Ein aus dem Christentum stammender und noch immer viel Verwendung findender Ausspruch ist „Auge um Auge, Zahn um Zahn." Man kann durchaus behaupten, dass er noch zum täglichen Sprachgebrauch gehört, selbst die mit Smartphone aufgewachsene jüngere „digital born" Generation, kann etwas damit anfangen.

Tatsächlich findet sich dieser Ausspruch genauso weder im alten, noch im neuen Testament. Die Aufforderung an ein Opfer zur Rache, ist eventuell ein fataler Übersetzungsfehler aus dem Hebräischen. Richtig könnte es „Auge für Auge, Zahn für Zahn" heißen. Man könnte es genauso als Aufforderung an den Täter zur

Wiedergutmachung auffassen, und nicht als eine Aufforderung an das Opfer zur Rache. Es bleibt Auslegungssache und bietet Anlass zu Diskussion.

Genauso entstehen Probleme, Sorgen, Kriege und sonstige schwerwiegende Vorfälle die unsere Seelen belasten. Nur weil wir das Erfahrene ohne interne Überprüfung annehmen, weil Mehrheiten es so behaupten und wir es nicht mehr gewohnt sind, uns ein gänzlich eigenes Bild zu machen. Es fehlt der Dialog mit uns selbst um unabhängig beurteilen und entscheiden zu können.


Bei der Betrachtung des menschlichen Lebens fällt auf, dass viele Menschen mehr Zeit in Alltagstrott bis hin zur Depression stecken, als sie im Glück verbringen. So gesehen ist die menschliche Verfassung eine traurige Angelegenheit.

- Warum sind wir hier?

- Was soll das alles?

- Warum altert unser Körper?

- Warum müssen wir sterben?

- Was bedeutet es zu leben?

- Wozu dient das Leben, wenn ich keine Bedeutung

  erkenne?

Auf Fragen über Sinn und Zweck lassen sich nur wenig erfüllende Antworten finden. Egal wie man sich auch mit diesen Fragen beschäftigt, es besteht immer die Gefahr in den Wahnsinn getrieben zu werden.

Es gibt nun zwei Möglichkeiten. Einfach weitermachen und vergessen danach zu suchen, oder sich einem Verdrängungsmechanismus des Glaubens nach einer höheren Lösung anzuschließen, einer Religion.

Dagegen ist nichts einzuwenden, hält es doch passabel vom Wahnsinn ab. Mit Trugbildern wird das Leben erträglicher und sie lenken einen von der schrecklichen Wahrheit so ab, dass eine sonst unerträgliche Situation viel angenehmer erscheint. Religion scheint somit ein ganz passabler und hilfreicher Irrtum zu sein.

Wenn ich Religion als Irrtum bezeichne, mag das für Gläubige sehr provokant erscheinen. Für Atheisten sicher kaum. Auch für einen gläubigen Menschen mag es eine Herausforderung sein den unsichtbaren Gott zu erkennen, er schafft es jedoch für sich irgendwie.


Einen Anker bietet da gerne der Bezug auf das Universum. Das Argument, dass es ja seinen Ursprung und Ziel nicht in sich selbst haben kann, wird gerne angeführt. Ein schwieriges Thema, unser Wissen reicht nicht weit genug um das ganze Universum zu verstehen. Es lässt sich nicht sagen wer Recht hat, der Atheist oder der Gläubige. Es ist auch nicht wichtig wer Recht hat, wichtig ist ob beide damit zu Recht kommen.

Ich denke jeder Mensch braucht an gewissen Punkten in seinem Leben irgendeinen Verdrängungsmechanismus. Das Leben ist so tragisch, dass man nur so überleben kann.

Im Zeitpunkt seiner Geburt bereits sein Todesurteil mitgeliefert bekommen zu haben, ist keine schöne, jedoch sehr reale Vorstellung. Diese Vorstellung darf einen nicht davon abhalten, die Zeit zwischen diesen beiden Ereignissen bestmöglich zu verbringen.

Religion kann dem Leben einen Sinn vermitteln. Wenn eindeutig klar wäre, dass es im Universum einen Gott gibt, der dem Leben einen Sinn gibt, würde sich die Situation dramatisch verbessern. Allein, es bleibt Glaube.

Menschen brauchen etwas an das sie glauben können, das Leben wäre sonst unglaublich kompliziert. Solange sich die Menschen in der Ausübung ihres Glaubens anständig benehmen, wären all diese Supermärkte für Verdrängungsmechanismen, welcher religiöser Ausprägung auch immer, ein echter „Segen".

Wie wir aus der Geschichte blutiger Glaubenskriege gelernt haben, sind es leider nicht genug Leute die sich anständig benehmen, oder die Guten sind zu inaktiv. Vielleicht haben auch die Bösen nur mehr Energie, jedenfalls ist es nicht einfach die wenigen positiven Beispiele zu finden, die Religion nur als das gute und hilfreiche Instrument verbreiten, als das sie gedacht war.

Ich will damit nicht sagen, dass alles was die Religionen vermitteln gut wäre, bei Weitem nicht. Insbesondere die Darstellungen von Unendlichkeit und Grenzenlosigkeit sind sehr problematisch.

Wo sich die, von den Religionen fälschlicherweise suggerierte Unendlichkeit auf die Wirtschaft überträgt, nimmt das Unheil seinen Lauf.

Grenzenloses Wachstum mit billigem Geld hat schon von jeher die Menschen dazu verführt über ihre Verhältnisse zu leben und ihre jeweiligen Grenzen zu missachten. Die Auswirkungen haben wir nun ständig vor Augen. Sicherlich gab es in der jüngsten Vergangenheit durch billiges Geld, nach wirtschaftlichen Problemen, wieder ein forciertes Wachstum in einigen Ländern, jedoch brachte er keinen Wohlstandsgewinn mehr. Dafür hat sich die Lage in zahlreichen Ländern deutlich verschlechtert.

Das wurde solange beharrlich ignoriert, bis plötzlich die Menschen dieser Länder vor unserer Tür standen. Sie stehen noch heute da, als Teil des Ganzen, was zu lang ignoriert wurde.


Wo würden die so genannten reicheren Problemländer von Island über Portugal, Spanien oder Griechenland denn heute stehen, wenn sie nicht dem Wachstumswahn wirtschafts-orientierter Länder gefolgt wären und stattdessen ihrem eigenen Kurs und ihrer eigenen Geschwindigkeit gefolgt wären?

Vermutlich auf festem Grund.


Das Problem liegt in der Masslosigkeit des Denkens und Handelns. Es hält den Menschen davon ab glücklich oder zumindest zufrieden zu sein.


Es beginnt bereits in unserer Kindheit. Nicht ein Zuwenig an Reizen führt dazu, dass Kinder ihre Phantasie verlieren und keine Entdeckungslust mehr haben, sondern eine Reizüberflutung.

Die Menge des zu Bewältigenden führt zur Degenerierung nebst anderen Problemen. Macht es doch angesichts der heutigen Informationsflut, die jederzeit und überall abgerufen werden kann, gar keinen Sinn mehr, immer noch etwas mehr an Lernstoff in kürzester Zeit in die Kinderhirne hereinzupressen.

Es ist wichtig zu lernen, keine Frage. Wichtiger als die Menge des Gelernten ist jedoch der kreative und phantasievolle Umgang mit dem Erlernten, um es später möglichst geschickt einsetzen zu können.

Nicht die Menge ist es, die Menschen glücklich macht und „Balsam für die Seele" ist, sondern die Fähigkeit mit Vorhandenem und Erreichbarem produktiv umgehen zu können, ohne sich ständig zu übernehmen.

Die Musik ist da ein schönes Beispiel. Mit einer nur zwölfgliedrigen Tonleiter lassen sich die phantasievollsten Musikstücke gestalten. Mehr benötigt die Musik dafür nicht. Neben der Kombination der Noten kommt es ganz entscheidend auf die Geschwindigkeiten (Tempi) und die Pausen an, was für Jedermann leicht nachvollziehbar ist. Warum erkennen die meisten Menschen die Bedeutung von Geschwindigkeiten und Pausen nur in der Musik?

Wir müssen den Geschwindigkeiten und den Pausen auch in unserem täglichen Leben Beachtung schenken.

Das Tor zur Seele sucht sich am besten, wenn man eine Pause gefunden hat.


Sich in dieser Pause um die eigene Seele zu kümmern, bedeutet sich auf die Liebe zum Leben zu stützen. Dies bedeutet vor allem zu erkennen, dass die Liebe zum Leben in allen Lebenslagen zu gelten hat, in fröhlichen wie in traurigen, sonst wäre sie nur ein Trugschluss.

So schwer es auch erscheint, ohne diese Pausen wird es nicht gelingen. Sicher ist es toll immer „Netz" zu haben und online zu sein, es hat viele Vorteile und noch mehr Verlockungen, sich im „Netz" mit anderen zu tummeln. Aber tummeln wir uns tatsächlich oder zappeln wir nicht viel mehr darin?

Alles was digitalisierbar ist wird digitalisiert werden. Die Technologieabhängigkeit der Menschen hat ein ungesundes Ausmass erreicht. Es liegt an jedem selbst sich eine Pause zu suchen und dem entgegenzusteuern, oder zumindest zu lernen, in einem gesunden Masse damit umzugehen.

## 13

## SOZIALE BINDUNGEN

Bei all der Begeisterung für neue Technologien, soziale Netzwerke, App´s und Co., bilden soziale Bindungen seit jeher die Basis des Zwischenmenschlichen. Wie gross die Ausgangsgruppe auch sein mag, sei es die ganze Menschheit, so untergliedert sie sich doch in immer kleiner werdende Gruppen, bis hin zu einer Partnerschaft, von der wir selbst der eine Teil sind.

Die kleinste Einheit zwischenmenschlicher Beziehung, die zwischen nur zwei Individuen, ist zugleich auch eine der schwierigsten. Das liegt nicht zuletzt daran, dass die gemeinsame Schnittmenge deutlich größer ist, als die mit einem Facebook-freund.

Nur was helfen mir 100 Facebookfreunde, wenn ich mit einer Verletzung in meiner Wohnung liege. Da wäre ein helfender Nachbar schon besser. Oder gar ein Partner - nicht auszudenken.

Dass mit der Partnerschaft ist zunehmend komplizierter geworden. Trotzt freizügigerer Gesetze, zunehmender Globalisierung und einer Unmenge an Partnerbörsen, wächst die Zahl der Singles stetig.

Nachdem wir verlernt haben uns die Zeit für eine Pause und den Dialog mit uns selbst zu gönnen, fällt derzeit gerade auch die nächste Stufe sozialer Bindungen.

Der ausgesprochene Wunsch nach mehr Freiheit, ohne Bindung mit einem festen Partner zu leben, ist viel weniger Freiheit als man sich denkt. Es ist nur ein Schritt weiter weg von unserem Tor zu Seele und hinunter auf dem nächsten Level sozialer Bindungen. Etwas weniger an Bindung, etwas weniger an Verantwortung, etwas weniger an tiefer Zuneigung und konstruktiver Rückmeldung. Bis hin zu der einzigen Verbindung, dem „Netz".

Welche Informationen lassen wir noch in unsere Persönlichkeit eindringen, welche Erlebnisse speichern wir und welche können wir vererben?

Was bleibt ist eine zumindest abgewandelte Art und Weise mit dem Thema Partnerschaft umzugehen und sich das „Netz" zur Suche nach zumindest einem Sexualpartner zunutze zu machen.

Das funktioniert ja ganz prima, alle elf Minuten verliebt sich ein Single in einer grossen Partnerbörse - muss ja klappen!

Wie war es denn vor der Partnersuche im „Netz"?

So alt bin ich ja nun auch nicht, und es ist ein guter Weg das Tor zu unserer Seele zu finden.

Es beginnt mit Anziehung.

Emotionale Anziehung erzeugt Zuneigung, Zuwendung und Vertrauen.

Geistige Anziehung erzeugt Interesse und Empfänglichkeit.

Körperliche Anziehung erzeugt Erregung und Verlangen (Ja, daran erinnern sich alle).

Spirituelle Anziehung: Sie verlangt viel, jedoch öffnet sie das „Herz", sie lässt Liebe und Achtung entstehen.

Sobald wir ausreichend gegenseitige Anziehung aufgebaut haben, beginnt das Durchlaufen der Phasen zwischenmenschlicher Beziehungen.

Als erstes kommt eine Phase der Ungewissheit, in der man vermehrt prüft, zweifelt und hinterfragt ob der Partner der Richtige ist.

Es folgt die Phase der Ausschließlichkeit. Man lässt sich voll und ganz auf den Partner ein. Es entsteht die Phase der Intimität, die im Idealfall mit einer Annäherung auf allen Ebenen der Anziehung einhergeht.

Schließlich folgt das gemeinsame Leben.

In Phasen des gemeinsamen Lebens entwickeln wir unseren Charakter. Es prägen sich Grundrichtungen aus und es bilden sich Gewohnheiten. Wir lernen zu entschuldigen und zu vergeben, wir kommunizieren mit uns selbst, um mit dem Partner kommunizieren zu können. Der Austausch ist oft tiefgründiger als der mit anderen Menschen, weshalb wir das „in uns gehen" brauchen um dem Partnergespräch gewachsen zu sein und nicht „unter die Räder" zu kommen.

Indem wir lernen auf die Bedürfnisse des Partners so einzugehen als wären es unsere eigenen, befriedigen wir auch unsere eigenen Bedürfnisse und bewahren dennoch unsere eigene Individualität. Selbiges ist auch auf eigene Kinder übertragbar.

In einer engen, liebevollen Beziehung versuchen wir oftmals in der Art des Umgangs mit unserem Partner unrealistische Erwartungen zu erfüllen.

Unerfüllte kindliche Bedürfnisse wollen befriedigt werden, zwanghafte Konfliktsituationen werden, mit dem unbewussten Bestreben sie zu beherrschen, wiederholt. Erst durch die Bewältigung solcher Situationen bildet sich eine Persönlichkeit aus, nur so entsteht Reife.

Kein Platz auf einer Highscoreliste eines Computerspieles, so spektakulär es auch sein mag, kann diese Entwicklung ersetzten.

Wir brauchen eine offene Kommunikation. Alle Gefühle (positiv wie negativ) müssen ausgesprochen werden dürfen, um nicht aus Bagatellen ernsthafte Probleme werden zu lassen. Jede Art von Unzufriedenheit braucht ein Ventil. Das beste Ventil ist und bleibt die Kommunikation.

Im Umgang mit und der Erziehung von Kindern lernen wir uns selbst noch einmal kennen. Wir versuchen unerwünschtes Verhalten zu löschen, bestrafen Handlungen welche über gesetzte Grenzen hinausgehen und verstärken gewünschte Handlungen durch Lob und Belohnung.

Als gutes Vorbild bieten wir den Kindern ein Beispiel mit nachhaltiger Wirkung. Kein Wort kann es mit der richtigen Tat einer guten Erziehung aufnehmen.

Dieser Weg verläuft sehr langsam und die Rückmeldungen der Kinder erfolgen meist spät und unaufgefordert überraschend. Als Vorbild sollten wir das ganze Spektrum menschlicher Wesenszüge zulassen. Ein mässiger Streit gehört ebenso dazu wie Zärtlichkeiten.

Entscheidend ist es, ein abgerundetes Gesamtbild zu erzeugen, mit klaren Werten, mit Lob und Tadel.


Meinungsverschiedenheiten und auch ein Streit kann durchaus angemessen sein und muss nicht unterdrückt oder vermieden werden. Eine Auseinandersetzung auf dieser Ebene erfolgt nicht um zu siegen, sondern um die Atmosphäre zu klären. Man möchte gemeinsam zu einer Lösung gelangen, um mehr Verständnis füreinander zu erlangen.

Es geht nicht darum zu gewinnen, sondern einander näher zu kommen. Dies gilt gleichermaßen im Umgang mit seinen Kindern, wie auch mit seinem Lebenspartner.

Es gibt unerlässliche Voraussetzungen für Erfolg versprechende Partnerschaften:

- Die beiderseitige Überzeugung, dass die Partner

gleichberechtigt sind.

- Die gegenseitige Verpflichtung zur Aufrichtigkeit.

- Und die verbindliche Übereinkunft keine Macht-

  spiele zuzulassen.

Mit Gleichberechtigung meine ich genau das, was das Wort beinhaltet. Beiden Partnern stehen gleiche Rechte zu. Es bedeutet nicht, dass beide alles gleich einzubringen haben, gleich viel verdienen oder gleich viel arbeiten. Es heißt, dass jeder Partner nach Kräften seinen Beitrag leistet und beide Partner damit zufrieden sind. Im Falle einer Unzufriedenheit gilt ebenso, dass Recht diese vorzubringen, wie dass sich der andere damit auseinandersetzt und zu Kompromissen bereit ist.

Um eine auf Kommunikation gestützte Gleichberechtigung zu erreichen ist es erforderlich, dass der Partner auch genug über einen selbst weiss, um sich ein Bild der Persönlichkeit machen zu können. Meist gilt es hier Lücken zu füllen, die manchmal in aller Offenheit auch erschreckend sein können. Der mögliche Schrecken zahlt sich auf dem Weg zu einer stabilen und dauerhaften Beziehung jedoch wieder aus.

Auch dann wird es nicht ohne Fehler ablaufen. Jedoch gilt es hier aufrichtige Entschuldigungen und Wiedergutmachungen anzubringen. So lässt sich das in vielen Partnerschaften häufig vorzufindende Muster aus Machtspielen, Lügen und Rettungsaktionen vermeiden.

Sobald ein hohes Stadium an funktionierender Harmonie erreicht ist, konzentriert sich die Arbeit auf das fortlaufende Überprüfen und Überdenken der getroffenen Übereinkünfte.

Insbesondere Übereinkünfte zu Themen wie Zeit, Geld und Sexualität gilt es ständig zu überprüfen, um zu sehen ob noch beide Partner mit den bisher getroffenen Vereinbarungen einverstanden sind.

Einmal getroffene Übereinkünfte können durch gemeinsam begrüßte und akzeptierte Vereinbarungen jederzeit flexibel ausgewechselt werden.

# 14

## KOMPETENTER UMGANG MIT GEFÜHLEN

Vielfach entspringen unsere täglichen Verhaltensmuster dem Ergebnis aus mehr oder minder gut verarbeiteten Gefühlen. Es sind diese Gefühle, die unser Handeln massgeblich beeinflussen.

Was beinhaltet nun ein kompetenter Umgang mit Gefühlen?

Zunächst einmal muss man sich seiner Gefühle bewusst sein und sie verstehen.

Dann gilt es, sich in diejenigen anderer hinein zu versetzen sowie die eigenen sinnvoll zum Ausdruck zu bringen.

Das Ziel ist stets dasselbe, mehr positive und weniger negative Gefühle zu erfahren.

Der erfolgreichste Ansatz positive Gefühle zu fördern, ist es sich zunächst dem Umgang mit negativen Gefühlen zu widmen. Hier unterlaufen die meisten Fehler.

Das Durchleben diverser schmerzlicher Erfahrungen führt zur Abschottung unseres Gefühlslebens.

Selbst hochintelligente Menschen reagieren so, obwohl das Verhalten eigentlich kontraproduktiv ist, es verhindert Freude zu erfahren.

Die wahre Kompetenz im Umgang mit Menschen, mit uns selbst wie auch mit anderen, besteht darin nicht nur auf die offenkundigen Probleme einzugehen. Ärger in der Schule oder bei der Arbeit, Terror mit Nachbarn etc., sind offenkundige Probleme. Subtiler dagegen sind Zurückweisungen, emotionale Enttäuschungen, Liebeskummer oder Peinlichkeiten. Über diese Bereiche sprechen zu können und sie erfolgreich zu handhaben, ist schon deswegen weitaus schwieriger, weil die meisten von uns es nie gelernt haben. Selbst die Eltern gehen nur selten darauf ein, oft aus Angst Fehler zu machen, oder aus Mangel an Interesse. Der Mensch passt sich mit der Zeit den vorgefundenen äusseren Bedingungen an, was vielfach durchaus sinnvoll sein kann, jedoch in der Gefühlswelt nicht akzeptiert werden sollte.

Über Empfindungen nicht sprechen zu können, eigene Gefühle im Zweifelsfall lieber zu verstecken oder sie gar zu verleugnen, führt dazu Gefühle auszuklammern, ihnen sogar entgegen zu wirken und sie irgendwann selbst nicht mehr zu verstehen.

Besonders in Liebesbeziehungen führt dieses Verhalten dazu, nach selbst erlittenen Verletzungen Distanz zu wahren, obwohl erlebte Enttäuschungen längst verarbeitet sind.

Einen schützenden Abstand aufrechtzuerhalten ist nur da sinnvoll, wo zusätzliche Verletzungen vorhersehbar sind.

Um wieder tiefe emotionale Erfahrungen erleben zu können, ist es unabdingbar sich erneut zu öffnen.

Der Wunsch nach Intimität, nach Liebe und danach tiefe Gefühle mit anderen Menschen zu teilen, steckt mehr oder weniger in jedem von uns. Ersatzhandlungen, wie zunehmend actionreiche

Freizeitgestaltungen oder oberflächliche Romanzen, führen zwar zu Ablenkung, täuschen jedoch nicht darüber hinweg, dass wir gerade versuchen echtes emotionales Engagement zu vermeiden. Obwohl vielen von uns irgendwie klar ist, dass in unserem Leben etwas fehlt, sind wir nicht bereit das erforderliche Risiko einzugehen, aus Angst nicht das erhoffte zu erreichen, aus Angst zu scheitern.

Wie schaffen wir diesen Selbstbetrug? Indem wir nicht genug mit uns selbst kommunizieren. Wir stumpfen emotional ab, im einfachsten Fall verschieben wir die Hoffnung auf einen späteren Zeitpunkt, und finden uns allmählich damit ab, dass nicht zu scheitern besser ist, als das eigene Glück zu erlangen. Es scheint uns besser zu sein, ein Null-Ergebnis zu erzielen als ein Wagnis einzugehen um Schöneres zu erleben. Positives erleben und mit dem Risiko einer Niederlage umgehen zu können, ist jedoch genau das, was unser Leben ausmacht und genau das, was unsere Seele sucht.

Man nennt es auch Leben.

Niemand sagt, dass leben frei von Leid ist. Es gilt jedoch die harmonischen, erfolgreichen und gefühlvollen Momente zu geniessen. Es ist nicht wichtig alles solange wie möglich zu halten, sondern es im Moment des Geschehens wirklich genießen zu können. Wir sind nicht unsterblich und nichts ist unendlich, jedoch bleiben wirklich genussvolle Momente zeitlebens ein Teil unseres Wesens, während negative Erlebnisse oder Verluste in den Hintergrund gelangen, oder eben als Fehler abgeschrieben werden können.

Unser Geist gehört nur uns selbst. Niemand kann ihn uns nehmen, niemand kann uns vorschreiben was wir in ihm lagern und was wir verwerfen.

Wie schaffe ich dem Umgang die meinen Gefühlen?

Der erste Schritt ist es die eigenen Gefühle zu erkennen. Dazu braucht man nichts weiter als sich selbst und etwas Zeit.

Welche Momente der Freude bedeuten mir besonders viel, welche Fehler habe ich bereits gemacht und wie kann ich sie zukünftig vermeiden?

Wann war ich besonders stolz, wann besonders wütend? Welche Erlebnisse, unabhängig von Rückmeldungen Dritter, haben mir besonders viel gegeben?

Welche Erlebnisse wurden erst durch Rückmeldungen Dritter für mich bedeutsam?

Alles was an positiven Erinnerungen auffindbar ist gilt es zu berücksichtigen, denn oft verstecken sich die wahren Freuden hinter Aufgesetztem und von Dritten Vorgegebenem.

Sobald man seine eigenen Gefühle kennt, ist es ratsam zu lernen mit ihnen umzugehen.

Eine ganz einfache Grundregel ist es die positiven zu verstärken und die negativen auf möglichst harmlose Art und Weise auszuleben. Natürlich hat jeder Mensch auch negative Gefühle, alles andere wäre gelogen. Sie dürfen nur nicht zu einem Dauergast werden, weshalb sie auszuleben sind, um uns nicht nachhaltig zu vergiften.

Neben dem Erkennen und dem Umgang mit eigenen Gefühlen, folgt nun noch die Interaktion mit anderen Menschen. Noch einmal: Dies gelingt erst, wenn wir die innere Kommunikation erfolgreich abgeschlossen haben, also nehmen Sie sich Zeit.

Sich mit Gefühlen anderer Menschen identifizieren zu können, sie ähnlich einem eigenen Gefühl zu empfinden, ist die große Kunst. Es ist eine hohe Fähigkeit und ich erwarte nicht, dass es gleich gelingt, jeder kann sich jedoch erheblich verbessern. Wie nimmt der Mitmensch etwas wahr? Wie ist sein Gefühl entstanden? Hören Sie gut zu, nehmen Sie sich Zeit, eine der wertvollsten Gaben und eines der grössten Geschenke. Diese Fähigkeit ist nicht angeboren, jedoch ist die Fähigkeit es zu lernen angeboren.

Meistens ist es nicht erforderlich dem Mitmenschen bei einem Problem zu helfen, oder es gar für ihn zu lösen. Ein einfacher Satz hilft oft viel mehr: »Du scheinst eine wirklich harte Zeit durchlebt zu haben. « Oder: »Das hört sich für mich so an (fühlt sich so an/ oder sieht für mich so aus) als hättest du einen harten Tag gehabt. « Eine solche Aussage, nachdem man wirklich zugehört hat, bedeutet erst einmal Verständnis für die Situation des anderen, und dies ist immer der erste Schritt.

Im Positiven erkennen wir es viel einfacher, und setzen es ebenso einfach um, wir freuen uns mit dem anderen.

Um eine harmonische Interaktion zu erreichen, sind Zugeständnisse erforderlich. Wir benötigen die Fähigkeit uns entschuldigen zu können. Sich selbst einen Fehler verzeihen zu können ist ebenso wichtig wie anderen zu verzeihen.

Da es menschlich ist Fehler zu machen, sollte es  ebenso menschlich sein es einzusehen, um den Raum für eine Wiedergutmachung zu schaffen.

Sobald man sich über seine eigenen Gefühle im Klaren ist und mit ihnen umzugehen versteht, erleichtert dies einem sich auf seine Umgebung einzustimmen und Empfindlichkeiten anderer richtig einzuschätzen. Die Folge einer harmonischen Interaktion ist der Lohn für diesen nicht immer einfachen und zeitintensiven Weg.

Die Annäherung an diesen Bereich der Gefühle und Emotionen ist jeden Zeiteinsatz wert.

Aktuelle gesellschaftliche Entwicklungen lassen dem Menschen zu wenig Zeit und führen bei immer mehr Menschen zu einer Art emotionaler Taubheit, die in der Psychiatrie als Alexithymie bezeichnet wird.

Das Einzige was wir zu tun haben ist uns einen bewussten Umgang mit Gefühlen und Empfindungen zu erlauben. Dazu gehört das Registrieren und der aktive Prozess Gefühle kreativ einzusetzen, so können wir vermeiden von ihnen überwältigt zu werden.

Dieses Vorgehen setzt eine Menge an Energie frei, die man zuvor dafür verbraucht hatte, um Gefühle und Emotionen zu unterdrücken. Das Zulassen eigener Empfindungen und der bewusste Umgang mit Empfindungen anderer, lehren uns besser mit schmerzlichen Erfahrungen und Enttäuschungen umzugehen.

Nur indem wir verstehen auch mit Enttäuschungen und Einsamkeit umzugehen, wird es uns gelingen die positiven Aspekte unseres Daseins zu würdigen. Oftmals ist es dafür erforderlich in seine eigene Vergangenheit zu reisen. Manchmal, wenn wir einen Ort verlassen haben, bleibt etwas von uns zurück, und wir müssen an diesen Ort zurückkehren um uns wieder komplett zu fühlen, bevor wir ihn dann endgültig verlassen können.

Vieles im Leben tun wir aus Angst vor Einsamkeit und davor ein unerfülltes Leben zu haben.

So ist es auch nicht der Tod der uns Angst macht, sondern wenn es soweit ist, sich selbst ein unerfülltes Leben eingestehen zu müssen.

Sterben müssen wir alle, entscheidend ist es wahrhaftig gelebt zu haben. Und dies sollte man jetzt tun, solange einem die Zeit dazu gegeben ist, und bevor der traumlose Schlaf beginnt.

## 15

## NEUGIERDE

Eine starke Energie auf dem Weg zu einem erfüllten Leben ist die Neugierde.

Die Neugierde auf alles Neue und Unbekannte, die Neugierde sich selbst zu finden, die Neugierde im Umgang mit anderen Menschen und die Freude Neugierde in anderen Menschen zu wecken.

Es ist die Spannung in einem selbst die aktivierend wirkt, und die Freude Neugierde befriedigt zu bekommen.

Nicht aus jedem neugierigen Antrieb heraus ergibt sich eine Freude, auch Enttäuschungen kommen vor, den Umgang damit habe ich bereits beschrieben.

Kindliche Neugierde ist das fantastischste Phänomen, das mir je im Leben begegnet ist. Ungebremste Aufrichtigkeit paart sich, im Verhalten von Kindern, mit zielgerichteter Aktivität, zum Stillen ihrer Neugierde. Menschen, die sich ihrer Gefühle im Klaren sind, fällt es leicht aufrichtig zu sein. Für andere beginnt an dieser Stelle der Lernprozess.

Nur wer zu sich selbst aufrichtig ist kann auch aufrichtig zu anderen sein. Andere merken genau ob man es ehrlich meint oder nicht.

Die Aufrichtigkeit im zwischenmenschlichen Umgang ist eine grosse Gabe. Wir leben in einer Gesellschaft, die es gewohnt ist höfliche Lügen voneinander zu erwarten, das macht Aufrichtigkeit nahezu unmöglich. Es gilt ein Gegenüber zu finden, das an einem liebevollen und gedankenvollen Austausch interessiert und zu Aufrichtigkeit bereit ist.

Ein denkbarer Einstieg ist es, selbst ein solcher Mensch zu sein, das ist schon einmal die halbe Miete.


Es gilt den Ursprung unserer Gefühle zu erkennen, denn oft bleibt uns verborgen was unsere Gefühle ausgelöst hat. Wir halten sie schnell für irrational, wenn wir den empfundenen Gefühlen keinen eindeutigen Ursprung zuordnen können.

Ein guter Lösungsansatz ist es über die Mitmenschen im Zusammenhang mit den empfundenen Gefühlen nachzudenken. Sehr oft sind es andere Menschen die in uns Gefühle auslösen. Mit diesen Gefühlen verknüpfte Erwartungen lösen Emotionen aus, die oft nur sehr unbewusst wahrgenommen werden und zu diesem, für uns selbst unscharf wahrgenommenen, Empfinden führen.

Es fehlt hier nur an Zeit zur Selbstreflextion um sich seiner Gefühle und damit verbundenen Emotionen bewusst zu werden. Ich wünsche jedem diese Zeit, sie verändert ein Leben.

Auch bei der Selbstreflextion ist der aufrichtige Umgang mit uns selbst unerlässlich.


Die ungebremste Energie zur Befriedigung kindlicher Neugierde wäre hier zur Aufklärung unserer Empfindungen das Beste. In dieser Klarheit der eigenen Wahrnehmung und dem bewussten Erleben des aktuellen Moments, liegt der Schlüssel.

Ein schönes Beispiel ist eine Werbung für Überraschungseier (Ü-Ei): Einem Kind wird ein Ü-Ei gegeben, und wenn das Kind sein Ei nicht geöffnet hat bis die Mutter zurückkommt, so soll es ein weiteres bekommen.

Zunächst reflektiert jedes der gezeigten Kinder eine Weile das Gesagte, entscheidet sich dann jedoch der aktuellen Neugierde nachzugeben und das Ei mit großer Freude zu öffnen. Keinem der Kinder ist Reue über den entgangenen Mehrertrag zu einem späteren Zeitpunkt anzumerken. Die Freude, über den erlebten Moment positiver Emotionen, reichte vollkommen aus um sich so zu entscheiden.

Das mag aus gesamtwirtschaftlicher Perspektive keine kluge Entscheidung gewesen sein, jedoch stellte die spontane Befriedigung der Neugierde und der Lust nach Schokolade einen grösseren Reiz dar, als zu einem späteren Zeitpunkt die doppelte Menge konsumieren zu können. Das triebhafte Basissystem des Gehirns hat über den so genannten Präfrontalen Cortex (PFC) gesiegt, die zu unserer Kontrolle dienende Wunderkiste des PFC (das Stirnhirn) zu dessen Aufgabe auch die Selbstkontrolle zählt, ist unterlegen.

Die Werbung mit dem Ü-Ei ist eigentlich nichts Anderes als ein bereits Ende der 1960er Jahren in den USA durchgeführte Untersuchung namens Marshmallow-Test. Hierbei ging es jedoch mehr um die Überprüfung kindlicher Selbstkontrolle, die bei besserer Ausprägung ohne Frage nachhaltig positive Auswirkungen auf das spätere Leben hat. Insofern haben die Kinder mit dem Ü-Ei weniger gut abgeschnitten.

Mir geht es an dieser Stelle jedoch mehr darum, dass nicht die Menge die entscheidende Rolle zur Befriedigung menschlicher Bedürfnisse spielt.

Dies ist eine ungeheuer weittragende Wahrheit, die hier an einem so einfachen Beispiel wie einem Ü-Ei verdeutlicht wird.

Es ist unglaublich wie oft viele Menschen über solche Tatsachen hinwegsehend sich das spontane Empfinden eigener Freude verwehren.

Ich möchte jeden Menschen immer wieder motivieren, den Moment der einem eine Freude bescheren kann zu nutzen und nicht in Gedanken an Vergangenes oder Zukünftiges den aktuellen Moment zu beeinträchtigen.

Natürlich kann ein solches Verhalten, wie am Beispiel der Ü-Eier, zu wirtschaftlichen Einbussen in der Zukunft führen, muss es aber nicht.

Ja, wir benötigen den Blick in die Zukunft, auch im kommenden Monat sind Mieten zu zahlen und sonstige Kosten zu decken. Ein Dasein ganz ohne diese Blickrichtung kann zu einem weniger an Materiellem führen, wobei einem niemand sagen kann, ob dies auch wirklich zu einem weniger an Lebensfreude führt.

Meine Erfahrung ist eine andere.

Sprechen sie mal mit älteren Menschen.

Sehr reiche wie bitter arme Menschen beschreiben oftmals ähnliche Erlebnisse ihres Lebens als die bedeutsamsten. Es sind Momente grosser Liebe, Erlebnisse mit Familie und Freunden, Taten die sie mit Stolz erfüllten und gemeinsames Überwinden grosser indernisse, sowie die geteilte Freude darüber.

Materielles findet sich da kaum.

Das Stillen von Sehnsucht und Neugierde gibt mehr Lebensfreude als das Streben nach Materiellem.

## 16

## DER SCHLÜSSEL

Warum schreibe ich das alles?

Was in meinem „Ich" vorzufinden ist, was ich entwickle oder verberge, ist Bestandteil von mir, Bestandteil meiner Seele. Es ist mein Wesen. Einzigartig, unverwechselbar, nicht etwa nur der wichtigste Teil von mir, nein das ist es was mich ausmacht.

Sterbe ich, so verschwindet mein „Ich-Empfinden".

Wir leben als derzeit wohl höchstentwickeltes Lebewesen und können die uns verbleibende Zeit nutzen um all das zu tun, was machbar ist um unser Leben so optimal wie möglich zu verwenden.

Nicht alle Wünsche sind umsetzbar, darum geht es auch nicht. Schafft man es gerade nicht sich selbst eine Freude zu bereiten, so findet sich vielleicht die Möglichkeit einen anderen Menschen zu erfreuen oder sich nützlich zu machen. Das Ergebnis für eine positive Gesamtentwicklung ist dasselbe.

Das Tor zur Seele befindet sich in meinen Gedanken.

Es ist Teil meines Gehirns und somit Teil des grossen Ganzen. Von dort aus öffnet es den Zugang zu dem was ich Seele nenne.

Sie gehört nur mir und ist doch mit allem Verbunden. Das kann mir Niemand nehmen, und nur ich bestimme was von mir weitergegeben wird und welche Entscheidungen ich treffe. Es ist ein aktiver Prozess, das reine Warten auf den nächsten Durchgang ist kein Teil der Entwicklung. Selbst wenn man sich auf dem richtigen Weg befindet, läuft man Gefahr überfahren zu werden, wenn man einfach nur so dasitzt.


Der Schlüssel zum Tor bist du selbst.

Deine Seele bittet dich nur um etwas Zeit ganz allein mit ihr, dem einzigen was du wirklich besitzt.


Nimm dir jetzt die Zeit, nicht erst, wenn du merkst, dass du sie nicht mehr hast.

# 17

## NACHWORT

Dieses kurze Buch besteht zwar nur aus Worten, soll jedoch mehr wie ein Bild wirken.

Ich freue mich über jeden, der darin etwas für ihn interessantes und brauchbares erkennt. Wer darin nichts für sich findet, dem danke ich, dass er es dennoch gelesen hat. Wer alles für Quatsch hält, bei dem entschuldige ich mich, und hoffe, dass er bereits seinen Weg gefunden hat.

Meine feste Absicht dieses Buch so kurz wie möglich zu halte ich eingehalten. Es ist somit mehr eine kleine Fibel, ein kurzer Leitfaden zu verschiedenen Gedanken, um das Leben bewusster und erfüllter leben zu können.

Nicht mehr als ein Hinweis, dass wir all die Schatten um uns herum am besten zähmen, indem wir einfach von Zeit zu Zeit einmal das Licht löschen.

Viel Erfolg!

FSC
www.fsc.org
MIX
Papier | Fördert
gute Waldnutzung
FSC® C083411

Zeitfracht Medien GmbH
Ferdinand-Jühlke-Straße 7
99095 Erfurt, Deutschland
produktsicherheit@kolibri360.de